교회 다니면서 교회사도 몰라?

쉽게 읽는 신앙 기초 시리즈 **4**

교회 다니면서
교회사도 몰라?

김경덕 지음

國 국제제자훈련원

추천의 글

　　　주님 안에서 동역자 된 김경덕 목사님은 사랑의교회
에서 오랜 기간 교육부 책임자로 섬기며, 청소년들과 교사들을 위
해 글을 쓰고 강의를 담당한, 귀한 다음 세대 사역자입니다. 이번
에 출간된 『교회 다니면서 교회사도 몰라』는 주일학교 학생부터
교사, 새가족부터 목회자까지, 누구나 읽기 쉽고 이해할 수 있도록
기독교 역사가 집필되어 있습니다.

　이 책은 2천 년의 교회 역사를 어떻게 신선하고 흥미롭게 접근
할 수 있을지에 대한 고민을 담고 있습니다. 교회 역사를 이야기
형식으로 풀어내고, 이해를 돕기 위해 그림 자료를 첨부하였습니
다. 또한, 각 장마다 Q&A 형식의 질문과 답변을 제시하여, 신앙적
질문을 교회 역사 속에서 찾을 수 있도록 독자를 안내합니다.

　책의 페이지를 넘기면서, 주님의 몸 된 교회를 더 사랑하게 되
고 내일의 교회에 대한 새로운 꿈을 꾸게 될 것입니다. 이 땅에서
교회의 영광을 사모하는 모든 분에게 일독을 권합니다.

오정현 사랑의교회 담임목사

책의 저자인 김경덕 목사님은 파이디온 선교회와 사랑의교회 교육팀장으로 섬기다가, 지금은 칼넷CAL Net 지역 총무로 섬기면서 제자훈련 목회 철학으로 사역하는 목회자입니다.

우리는 잘못된 역사를 마주하면서 무엇을 버려야 하는지, 바른 역사를 마주하면서는 무엇을 놓치지 말아야 하는지 배웁니다. 역사는 배움의 현장이기 때문입니다. 그런 의미에서 2천 년 교회 역사의 현장은 교회가 무엇인지, 교회가 나아가야 할 방향이 무엇인지를 생각하게 합니다.

목회 현장에서 기록된 이 책은 독자가 마치 그 현장에 서 있는 것처럼 2천 년 교회 역사를 생생하게 마주하게 합니다. 무엇보다 역사의 주관자가 되시는 하나님의 섭리적 손길이 교회를 어떻게 세워가시는지를 기대하게 합니다. 지나온 교회 역사를 탐구하는 과정에서 교회가 역사 속에서 만들어낸 위대한 하나님의 이야기historiaDei를 만나기를 소원하며 이 책을 추천합니다.

오정호 새로남교회 담임목사, 대한예수교장로회 총회장

친절하고, 쉽고, 재미있는 교회사입니다. 교회의 역사 전반을 보는 눈을 활짝 열어줍니다. 역사를 아는 사람은 비전도 밝습니다. 어제나 오늘이나 늘 신실하신 주님의 역사이니까요. 저자는 그 이야기를 자상하게 전해줍니다. 오랜 기간 사랑의교회에서 교우들을 향한 목회적 애정을 가지고 교회사를 가르쳐온 열매입니다.

교회 역사를 이처럼 흥미진진하게 공부할 수 있는 책을 본 적이 없습니다. 시대를 적절하게 나누고 중점을 꿰뚫는 제목을 붙였습니다. 교회사에 정통한 저자의 식견을 잘 보여줍니다. 고대 로마시대

의 교회로부터 우리 한국 교회의 역사까지 간략하면서도 핵심을 세심히 소개하고 있습니다. 각 장마다 연대기와 중요 인물 소개, 사진과 지도와 함께 참고할 수 있는 좋은 동영상까지 소개하는 친절함이 참 돋보입니다. 기본적인 질문에 답을 제시한 것 또한 그렇습니다. 실제 교회 교육의 오랜 경험에서 쌓인 통찰의 결실임이 분명합니다. 한국 교회 성도들에게 소중한 선물이 될 것을 확신합니다.

신국원 총신대 신학과 명예교수

　　　역사를 공부하면 미래를 어떻게 살아야 할지를 배울 수 있습니다. 지나온 교회 역사를 알지 못한다면 미래의 교회가 가야 할 길도 알기 어려울 것입니다. 저자인 김경덕 목사님은 오랜 다음 세대 사역 경험을 토대로, 딱딱한 강의가 아니라 마치 커피한 잔을 마시며 도란도란 이야기하는 것과 같은 쉬운 글로 교회 역사를 풀어냈습니다. 교회사 입문서 역할을 하는 이 책은 아이들에게 교회 역사를 가르치고 싶었지만, 엄두를 내지 못했던 주일학교 교사들과 부모들, 신앙생활을 갓 시작한 초신자들을 위한 좋은 지침서가 될 것입니다.

박성규 총신대학교 총장

　　　세상 어려운 일이 두꺼운 책을 간단히 요약하는 것이다. 그 안에 내용과 재미와 감동까지 주려고 한다면 더욱 어렵다. 그 어려운 일을 이 책은 훌륭히 해냈다. 2천 년 교회의 역사를 일목요연하게 정리하고 그걸 쉽게 이해할 수 있게 풀어내고 있다. 거기에 재미까지 있으니 더할 나위 없다. 교회사를 처음 접하는 사람들

　　　　　　　　　　　　　　　　교회 다니면서 교회사도 몰라?

이나 전문가들에게도 이 책을 모두 권하고 싶다. 입문자들이 재미로 읽다 보면 전체를 꿰뚫어 볼 수 있는 안목이 생길 것이고, 더 공부하고자 하는 이들은 영상과 책 등을 추가로 살펴보며 심도 있게 파고들어 갈 수도 있다. 더군다나 역사적 맥락을 잃어버리지 않게 군데군데 장치를 심어 놓아서 이 책 한 권을 읽으면 교회사를 잘 정리할 수 있을 것 같다. '태조태세문단세…'를 외워두면 사극이 재미있어지듯 이 책을 읽고 나면 설교가 더욱 좋아질 것이다.

조성돈 실천신학대학원대학교 교수, 목회사회학연구소장

역사는 오늘을 살아가는 우리에게 거울이요 나침판입니다. 역사를 배우고 아는 것은 신앙과 삶의 필수 코스입니다. 기독교 신앙의 역사를 알게 될 때 우리는 더욱 감사하고 감격하며, 더욱 경각심을 가지고 신앙생활을 할 수 있습니다.

본서는 성도들이 기본적으로 알아야 할 기독교 역사의 핵심을 쉽지만 통찰력 있게 설명하고 있습니다. 뿐만 아니라 각 시대와 사건과 관련하여 참고해야 할 중요한 자료들을 소개합니다. 기독교 역사의 발자취를 통해 한 걸음 더 신앙의 진보를 원하는 모든 성도에게 일독을 권합니다.

김창훈 총신신학대학원 설교학 교수

프롤로그

언제부터였을까?

신앙생활을 하다 보면 어느 날 문득 이런 생각을 하게 될 때가 있습니다.

"언제부터 시작되었을까?"

기독교는 어떻게 시작되었을까? 성경은 언제 만들어졌을까? 개신교는 언제 시작되었을까? 기독교의 여러 교파는 언제부터 생겨났을까? 어느새 익숙해진 많은 것에 대해 그 기원이 궁금해집니다.

신앙생활의 궁금증뿐 아니라 지구촌 곳곳에서 일어나는 일들에 대해서도 의문이 생길 때가 있어요. 유럽의 거대한 성당들은 누가 언제 지었을까? 이슬람과 9·11 테러는 어떤 관계일까?

이 모든 질문에 대한 해답은 역사history 속에 있습니다.

영웅과 빌런의 현장 속으로

이 책은 로마 시민들의 함성 가득한 콜로세움으로, 르네상스의 숨결이 살아 있는 도시 피렌체로, 긴 항해를 마친 청교도들이 도착한 아메리카 동부의 황량한 해안으로, 루터 킹 목사

교회 다니면서 교회사도 몰라?

의 목소리가 쩌렁쩌렁 울리는 워싱턴 D.C. 링컨 기념관으로 우리를 안내할 것입니다. 네, 그렇습니다. 이 책은 2000년의 시간 여행을 위한 가이드북입니다.

그렇게 역사의 '핫플'을 여행하면서 수많은 얼굴을 만나게 됩니다. 고뇌에 빠진 이집트 왕녀 클레오파트라, 결전을 앞두고 잠을 설치는 콘스탄티누스 황제, 미지의 항로를 찾아 떠나는 콜럼버스와 같은 영웅뿐 아니라, 기독교인에게 누명을 씌운 네로 황제, 복수심으로 불타는 메리 여왕, 개신교를 핍박하는 프랑수아 왕과 같은 역사의 '빌런'들도 만날 것입니다.

시간 여행자인 우리는 고대 신학자들의 열띤 논쟁의 현장에 앉고, 비장한 표정으로 원정을 떠나는 중세 십자군 행렬에도 끼어 보고, 천혜의 요새 콘스탄티노플이 무너지는 순간을 함께 아파하기도 할 것입니다.

교회가 역사 속에서 만들어간 거대한 이야기

교회는 시간의 산물입니다.

교회는 제국들의 침략과 박해를 이겨내야 했고, 세속적인 불의와 도전에도 맞서야 했습니다. 때로는 스스로 부패하고 때로는 분

열하고 때로는 무너졌지만, 교회는 고대 제국과 문명 사이에서 잡
초처럼 다시 자라나, 마침내 제국 전체의 종교가 되기까지, 드라마
틱한 반전과 긴장의 시간을 지나왔습니다.

때로는 군림하는 지배자로, 때로는 박해받는 도망자로, 때
로는 문명의 건설자로, 때로는 문명의 파괴자로, 때로는 인류
가 직면한 난제에 대답을 주는 현자로, 때로는 세계를 전쟁의
도가니로 몰아넣는 침략자로, 그렇게 교회가 지나온 2000년의
시간이 쌓여 거대한 이야기meta narrative를 이루고 있습니다.

이 시간 여행이 끝날 무렵, 어제의 교회가 어디에서 왔는지
를 알게 되고, 오늘의 교회가 어디로 가야 하는지 답을 찾게 되
길 바랍니다. 마지막 페이지를 닫을 즈음에, 역사란 그분이 써
내려가는 이야기이고, 교회는 그 위대한 이야기의 주인공이라
는 사실을 깨닫게 된다면 저자로서 이 책의 가치는 충분하다고
생각합니다.

이 책은 '사랑의교회 교리대학' 강의를 2년간 섬기면서 교리
가 태동한 배경에 대해 이야기를 나누면서 시작되었습니다. 그
리고 청소년과 교사들을 만나는 교육 현장에서 정리되고, 성도
들과 함께 말씀을 나누는 목회 현장에서 빚어졌습니다. 이 책

교회 다니면서 교회사도 몰라?

의 첫 독자요 마지막 비평가인 아내 권순신과 두 딸 은비와 은채에게 감사합니다. 이 책에 부족함이 있다면 오롯이 저자의 책임입니다. 세상에서 가장 맑은 신앙공동체인 수원북부교회 성도들과 출간의 기쁨을 함께하고 싶습니다.

2023년 겨울 볕이 잘 드는 이곳,
수원북부교회 목양실에서
김경덕 목사

추천의 글 • 4

프롤로그 • 8

1장 교회, 은밀하게 위대하게 • 14

BC 31~AD 100

2장 익투스를 아시나요? • 26

AD 64~268

3장 아아! 마사다 • 38

AD 64~73

4장 교회, 성경을 갖다 • 48

AD 44~397

5장 교부, 교회의 아버지들 • 61

AD 155~430

6장 교회, 제국에 스며들다 • 73

AD 245~451

7장 제국의 몰락 • 86

AD 379~476

8장 초승달과 별 • 97

AD 570~697

9장 비잔틴 제국: 로마의 영광을 다시 한번! • 107

AD 527~537

10장 황제의 굴욕 · 118
AD 1066~1080

11장 초승달과 십자가의 전쟁 · 129
AD 1095~1291

12장 미켈란젤로를 만나다 · 142
AD 1321~1605

13장 거룩한 반항아들 · 155
AD 1475~1572

14장 교회 vs 교회 · 168
AD 1509~1648

15장 교회, 새로운 대륙을 향하다 · 181
AD 1618~1688

16장 대부흥의 시대 · 194
AD 1600~1789

17장 평양, 부흥의 불꽃으로 타오르다 · 206
AD 1866~1944

18장 교회, 꿈을 꾸다 · 218
AD 1725~1968

1 교회, 온밀하게 위대하게

#불멸의로마 #클레오파트라 #네로가뿔났다 #방화범은누구 #교회의시작

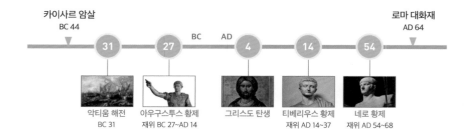

카이사르 암살
BC 44

31 · 27 · **BC** · **AD** · 4 · 14 · 54

로마 대화재
AD 64

악티움 해전
BC 31

아우구스투스 황제
재위 BC 27~AD 14

그리스도 탄생

티베리우스 황제
재위 AD 14~37

네로 황제
재위 AD 54~68

진격의 로마

퀴즈 하나를 풀며 이야기를 시작해봅시다. 다음은 어떤 도시에 대한 설명일까요? 유럽에 있는 이 도시는 "불멸의 도시"라는 별명을 가졌습니다. 르네상스의 주역 미켈란젤로와 라파엘로가 활약했던 예술의 도시이며, 세계 가톨릭의 본산 바티칸시국이 위치한 종교의 도시입니다. 웅장한 콜로세움과 고대 유산을 가득 품은 이 도시를 배경으로 한 영화들도 많죠. 오드리 헵번과 그레고리 펙이 오토바이를 타고 이 도시를 질주하던 모습은 영화 팬의 가슴에 행복한 기억으로 남아 있습니다.

자, 어떤 도시일까요? 네, 그렇습니다. 정답은 로마! 지금은 이탈리아의 수도이자 관광 도시로 이름이 높지만, 역사를 거슬러 올라가면 그 위상은 상상을 초월합니다. 천년이 넘는 역사가 살아 숨 쉬는 로마는 유럽의 수도이자, 세계의 중심이었어요. "모든 길은 로마로 통한다"라는 말은 로마의 위상을 잘 말해줍니다.

로마 이전의 모든 역사는 로마로 흘러들어 갔고, 로마 이후의 역사는 로마에서 흘러나왔다.
_랑케(19세기 역사가)

서기 2세기의 로마제국은 지구상에서 가장 아름다운 영토와 가장 문명화된 인류를 거느리고 있었다.
_에드워드 기번(18세기 영국 역사가)

여러분, 로마를 아시나요? 역사에는 수천 년이 지나도 잊히지 않을 만큼 지대한 영향을 남긴 제국들이 있습니다. 이 모든 제국 중에서도 로마는 과연 역대급이었습니다. 피라미드와 스핑크스의 제국 이집트도, 모든 법률의 기초가 된 함무라비 법전과 공중 정원으로 유명한 제국 바빌론도, 인류 최초로 동양과 서양을 하나로 통합시킨 위대한 정복자 알렉산더의 제국 헬라도, 과거에 존재했던 그 어떤 제국도 로마와는 비교 불가였습니다. 그야말로 전무후무한 압도적 스케일을 갖춘 거대 제국의 탄생이었습니다.

역사의 물줄기를 바꾼 사랑

여기서 잠시, '세기의 로맨스'라 불렸던 사랑 이야기를 해 볼까요? 그 주인공은 로마의 권력자 안토니우스(기원전 83~기원전 30)와 마성의 매력을 지닌 이집트의 파라오이자 팜므 파탈 클레오파트라(기원전 69~기원전 30)입니다. 이집트의 절세 미녀 왕녀와 최강 로마의 최고 권력자의 만남이라니! 세계가 주목한 로맨스는 달달했지만, 후폭풍 또한 대단했습니다. 이 사실을 알게 된 안토니

클레오파트라

우스의 아내 옥타비아는 분노했고, 옥타비아의 오빠 옥타비아누스(훗날의 아우구스투스 황제)는 더더욱 진노합니다. 게다가 안토니우스와 옥타비아누스는 정치적인 맞수였습니다. 권력에 진심이었던 두 남자는 한 치의 양보도 없었으니, 로마의 최고 권력을 차지하기 위한 전투는 피할 수 없었습니다.

악티움 해전, 새로운 로마 시대를 열다

BC 31년 9월 2일, 여기는 악티움(오늘날 '그리스 프레베자') 앞바다. 클레오파트라와 안토니우스의 연합 함대와 로마의 최정예 군단으로 맞선 옥타비아누스의 물러설 수 없는 한판 승부가 벌어집니다. 객관적인 전력은 연합 함대가 한 수 위였습니다. 2만 명의 연합군과 대형 갤리선의 위용은 대단했지요. 그러나 예상을 뒤엎고 치열했던 악티움 해전은 옥타비아누스의 승리로 끝납니다. 전쟁에 패하고, 사랑하는 연인마저 잃은

교회 다니면서 교회사도 몰라?

새 시대의 시작, 악티움 해전

클레오파트라는 코브라의 독으로 스스로 목숨을 끊었다고 하니 정말 한 편의 드라마와 같은 인생이지요. 그렇게 클레오파트라와 안토니우스의 연합 함대를 격파한 옥타비아누스는 전무후무 막강한 권력을 손에 넣습니다. 기원전 27년, 로마 원로원은 옥타비아누스에게 '아우구스투스'라는 칭호를 부여합니다. 이는 '존엄한 자'라는 뜻입니다. 이로써 로마는 원로원을 중심으로 귀족들이 다스리는 공화정 시대를 끝내고, 황제가 통치하는 제국의 시대를 시작합니다. 옥타비아누스는 그의 양아버지인 율리우스 카이사르의 이름에 '존엄자' 칭호를 더한 이름으로 불립니다. 그가 바로, 로마의 초대 황제 카이사르 아우구스투스(Caesar Augustus, 기원전 63~기원후 14)입니다. 이 모든 일이 악티움 해전에서 시작되었으니, 세기의 로맨스가 역사의 물줄기를 바꾸었다고 해도 과장이 아니겠지요.

고요한 탄생

카이사르 아우구스투스

황제 탄생 이후, 제국 로마의 팽창은 가속화됩니다. 로마의 첫 황제로 등극한 카이사르 아우구스투스는 지중해를 중심으로 북아프리카 이집트와 북유럽 영토 대부분을 차지합니다. 초대 황제 아우구스투스의 40년 통치를 이어받은 2대 황제 티베리우스는 무능한 황제였지만, 이후 시간이 흘러 제국의 13대 황제이자 최전성기를 이룩한 트라야누스(재위 98~117)가 황제의 자리에 오르자 제국은 정치적 안정 속

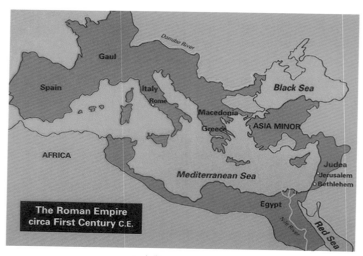
로마제국 영토(AD 1세기)

교회 다니면서 교회사도 몰라?

에 가공할 만한 군사력을 갖춥니다.

로마 해군은 유럽과 아시아와 아프리카로 둘러싸인, 당시에는 세계의 바다로 여겨졌던 지중해를 장악했고, 로마의 언어 라틴어는 제국의 공식 언어가 되었습니다. 전 세계 식민지 사람들이 제국의 수도 로마로 흘러들어오기 시작했습니다. 바로 그때! 로마 초기 황제들이 제국의 기초를 세우고 로마가 세계 제국으로 발돋움하던 그 시기에 예수님이 태어난 것이죠. 기독교는 인류 역사 최강의 제국 로마 변방에서 그렇게 조용하게 시작되었습니다.

전설이 이루어지다

언빌리버블! 유대인이라면 어린아이라도 익숙한 오랜 전설이 있었습니다. 이스라엘의 수퍼 히어로 다윗왕의 후손 중에서 메시아가 태어날 것이고, 그는 강력한 카리스마로 유대 민족을 구원하고 왕이 될 것이라는 예언이었습니다. 그런데 황제도 아니고 영웅도 전사도 아닌, 고작 목수의 아들이요 아기의 모습으로 오는 메시아라니! 너무나 뜻밖이었습니다. 수천 년 동안 메시아를 기다려온 사람들은 시골 갈릴리 출신의 나사렛 예수를 메시아로 받아들일 수가 없었습니다.

헤롯왕이 남자 아기들을 다 죽이라고 명령했을 때도,

아기 예수의 탄생

먼 페르시아에서 동방 박사들이 아기 왕께 바칠 선물을 가지고 베들레헴 마구간을 찾아왔을 때도 세상은 심드렁했습니다. 그들은 아직 몰랐습니다. 갈릴리, 목수의 집안에 태어난 아기가 인류 역사의 BC(기원전)와 AD(기원후)를 나누는 분기점이 될 것이라는 사실을 말입니다.

어서 와, 기독교는 처음이지?

처음엔 대수롭지 않게 여기던 로마는 점차 신경이 쓰이기 시작했습니다. 새 종교의 유행인가? 제국 변방에서 시작된 종교 운동에 갑작스럽게 이렇게 많은 사람이 모여들다니! 이 낯선 종교의 중심에는 '크리스투스'(그리스도)라는 인물이 있었습니다. 사람들은 그들이 따르는 '크리스투스'를 따서 '그리스도인'이라는 이름을 붙여 부르기 시작했습니다.

'크리스투스'는 '메시아'라는 히브리어를 당시 국제어인 헬라어로 번역한 말입니다. 그렇습니다. 유대인들의 성경에 기록된 전설 그대로 유대인의 왕이었던 다윗 가문에 메시아가 태어난 것이고, 그를 따르는 무리가 급속도로 불어난 것입니다. '크리스투스'를 메시아로 믿고 따르는 종교, '크리스트교', 즉 '기독교'의 탄생은 그러했습니다.

한 유대인의 회심, 역사의 물줄기를 바꾸다

여기서 잠시 한 유대인 이야기를 해봅시다. 로마인들 못지않게 기독교를 매서운 눈초리로 지켜보던 한 사람이 있었습니다. 정통 유대인으로 태어난 바울은 대부분 유대인이 그렇듯

교회 다니면서 교회사도 몰라?

독실한 유대교 신자였습니다. 그들은 마구간에서 태어난 예수를 메시아로 인정할 수 없었습니다. 과격한 유대교도였던 바울은 기독교 핍박에 앞장섰습니다.

그런 바울이 드라마틱한 회심을 통해 유대교에서 기독교로 개종한 것은 기독교 역사 대반전의 서막이었습니다. 로마 시민권자였던 바울은 로마가 다스리는 지중해 세계 전체를 다니며 기독교를 확장했습니다. 또한 헬라어에 능통했던 그는 수준 높은 국제 언어로 기독교 신앙을 기록했고, 그의 글들은 신약 성경의 절반을 차지합니다. '행위'가 아니라 '믿음'으로 의를 얻는다는 바울의 주장은 당시 유대교 교리에 정면으로 도전하는 것이었습니다. 예수 그리스도를 메시아로 믿음으로 구원받는다는 새로운 가르침은 유대인들의 전통적인 믿음을 뿌리째 뒤흔들었습니다. 구약의 율법을 따르는 유대교도 아니고, 헬라의 종교를 발전시킨 로마의 종교도 아닌, 이 땅에 없던 전혀 새로운 종교가 탄생한 것이죠.

불타는 로마

다시, 로마 이야기로 돌아갑시다. 수많은 로마 황제들 가운데, 우리가 알 만한 이름이 있어요. 로마 5대 황제 네로(재위 54~68)입니다.

어느 날, 네로 황제는 여름휴가를 중단해야 했습니다. 로마에 끔찍한 대화재가 발생한 것입니다. 64년 7월 18일 밤, 로마 원형 경기장 옆 목조 상가에서 일어난 작은 화재는 바람을 타고 빠르게 번졌습니다. 무려 7일 동안 타오른 맹렬한 불길은

'영원한 도시'라던 로마의 3분의 2를 잿더미로 만들어버립니다. 200만 로마 인구 대부분이 집을 잃었고 로마의 웅장한 신전들과 황제의 건물들, 그리스의 화려한 예술품은 물론, 수많은 사람이 희생된 참사였습니다.

그런데 화재 원인을 알 수가 없었습니다. "대체, 누가 불을 질렀을까?" 그때 로마 시민들 사이에 네로가 불을 질렀다는 루머가 돌기 시작합니다.

로마 5대 황제, 네로

네로의 평소 행동을 생각해보면 충분히 그럴 만했습니다. 네로 황제에게는 과대망상, 폭군, 잔혹함 같은 단어가 늘 따라다녔어요. 실제로 네로 황제의 기행은 기상천외했습니다. 황제 신분으로 원형 경기장에서 직접 마차를 몰았고, 연극에 광대로 출연하기도 한 기인이자, 어머니 아그리피나와 동생 브리타니쿠스 그리고 스승 세네카를 살해한 사이코패스 냉혈한이기도 했습니다. 이 괴팍한 폭군 황제는 결국 서른두 살에 스스로 목숨을 끊고 말죠.

네로는 성난 로마 시민들의 이목이 자기에게 집중되자 희생양을 찾기 시작합니다. 그리고 어처구니없게도 대화재의 방화범으로 그리스도인들을 지목합니다. 그것은 기독교를 로마 사회의 공공의 적으로 삼겠다는 의미요, 교회에 대한 무시무시한 박해가 시작되었음을 알리는 신호탄이었습니다.

교회 다니면서 교회사도 몰라?

네로는 기독교도들에게… 죄를 덮어씌우고 가장 잔인한 고문을 가했다.

_타키투스(2세기 로마 역사가)

은밀하게 위대하게

아기 예수 그리스도의 고요한 탄생과 함께 시작된 교회는 이제 로마제국 황제의 심기를 불편하게 할 만큼 성장하게 됩니다. 가루 안에 들어가 있어 보이지 않지만, 그러나 마침내 반죽 전체를 부풀어 오르게 하는 누룩처럼. 베들레헴에서 로마로, 제국 변방에서 지중해 세계 전체로, 그렇게 교회 역사는 시작되었습니다. 은밀하게 그러나 위대하게.

교회, Start!

함께 보요

《로마제국, 시즌 1, 2, 3》, 2016, 넷플릭스.
코모두스, 카이사르, 칼리굴라 등 전설적인 제국 로마를 호령한 통치자들의 시대를 화려한 볼거리와 치밀한 고증, 전문가의 해설을 결합하여 보여주는 역사 다큐멘터리 드라마

《EBS 세계문명사 대기획, 위대한 로마》, 2021. EBS.
2천 년 전 로마인의 삶이 어떻게 이루어졌는지, 로마인의 삶이 얼마나 정교하고 발달한 문명 위에서 이루어졌는지를 보여주는 '고퀄' 다큐멘터리

Q&A

Q. 왜 예수님은 로마가 제국으로 통일되던 시대에 오셨을까요?

A. 성경 역사는 제국의 역사와 그 흐름을 같이합니다. 역사 속에서 이스라엘을 둘러싸고 앗시리아, 바빌로니아, 페르시아, 헬라 그리고 로마, 이렇게 5대 제국이 영향을 미칩니다. 이 중에서 신약 시대 교회의 역사와 밀접한 관계가 있는 제국은 로마입니다. 교회 역사와 로마 역사는 마치, 담쟁이덩굴처럼 얽히고설키며 흘러갑니다. 로마 역사를 펼쳐 놓고 예수님의 탄생 시기를 보면, 이보다 더 드라마틱한 순간이 없습니다. 로마제국의 영웅 율리우스 카이사르가 권력을 장악하고, 그 권력이 양자 옥타비아누스(훗날, 아우구스투스)에게로 계승되어 그가 초대 황제로 등극하면서, 로마 공화정의 종말과 제정 로마의 출범이 교차되는 격동의 시기에 예수님이 오신 거예요.

역사가 누가는 「누가복음」에서 당시를 이렇게 설명합니다.

그 무렵 아우구스투스 황제가 로마제국 전역에 인구 조사를 하라는 명령을 내렸다 2:1, 현대인의 성경.

로마의 티베리우스 황제(로마 2대 황제)가 다스린 지 15년째가 되던 해에 본디오 빌라도는 유대 총독으로 있었다 3:1, 현대인의 성경.

교회 다니면서 교회사도 몰라?

전무후무한 인간 제국이 세워지고 내로라하는 영웅들이 황제로 등극하여 자신이 역사의 주인공인 것처럼 천하를 호령하던 시대에, 만왕의 왕 예수님이 고요하게 오셨습니다. 그리고 약 300년 후, 기독교를 박해하던 제국 로마는 기독교를 공인하게 되고, 변방 종교였던 기독교는 제국의 종교요 세계의 종교로 발돋움합니다. 한때는 박해자였고, 한때는 보호자로, 그렇게 2000년 교회 역사의 배경에는 제국 로마가 있습니다.

로마제국이라는 거대한 조직체가 공공연한 폭력에 침범당하고 완만한 쇠퇴로 무너져 가는 사이, 순수하고 겸허한 종교가 사람들의 마음속으로 서서히 스며들어 소리 없이 낮은 곳에서 성장하고 박해받으면서도 오히려 새로운 활력을 얻어서 마침내 카피톨리누스 언덕의 폐허 위에 승리의 십자가를 세우게 되었다.
_에드워드 기번, 『로마제국 쇠망사 1』

참고자료

- 『로마인 이야기 1~15』, 시오노 나나미, 한길사, 2007.
- 『로마제국 쇠망사 1~6』, 에드워드 기번, 민음사, 2010.

익투스를 아시나요?

#초대교회 #순교 #카타콤 #물고기 #신앙고백

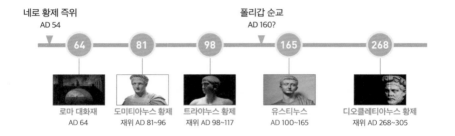

네로 황제 즉위
AD 54

폴리갑 순교
AD 160?

64 81 98 165 268

로마 대화재
AD 64

도미티아누스 황제
재위 AD 81~96

트라야누스 황제
재위 AD 98~117

유스티누스
AD 100~165

디오클레티아누스 황제
재위 AD 268~305

로마, 서양 문명의 근간을 이루다

지난 시간에는 로마의 막강한 영향력에 대해 이야기했어요. 로마는 기원전 화려하게 꽃피웠던 그리스의 문화를 그대로 이어받아 서양 문명의 근간을 이루죠. 그리고 카리스마 넘치는 황제들이 세계를 통치하면서 영향력은 전 세계로 뻗어나갔고, 중세를 지나 근대로 접어들면서 르네상스 인문주의 운동을 통해 다시 한번 세계 전체에 지대한 영향을 미치게 됩니다. 교회 역사를 알기 위해 로마의 긴밀한 관계를 살펴야 하는 이유가 바로 여기 있습니다. 그 로마가 교회를 박해하기 시작했거든요!

박해의 도시 로마

이 소문을 막기 위해 네로는 희생양을 만들어냈고, 아주 정교하게
계획을 짜서 불량하기로 이름난 그리스도인들을 처벌했다.
_타키투스, 『로마 연대기』(Annuals of Rome)

미치광이 황제 네로의 박해로 로마는 공포의 도가니로 변합
니다. 네로는 로마에 거주하는 그리스도인 중 3분의 1을 법정
에 세웠고, 믿을 수 없는 가혹한 판결을 내립니다. 역사가 타키
투스는 네로가 기독교인을 박해하는 모습을 생생히 기록하고
있습니다. "어떤 이들은 동물 가죽을 뒤집어쓴 채로 개들에게
공격을 당했다. 어떤 이들은 십자가에 매달렸으며, 어떤 이들
은 산채로 몸에 불이 붙었다."

© Wikiart.org

〈네로의 햇불〉(Nero's Torches)
헨리크 시에미라즈키(1876년 작), 폴란드 국립박물관 소장

64~68년에 일어났던 네로 박해 기간에 그리스도인들은 원형 경기장에서 야수에게 찢기거나, 기름 바른 옷이 입혀진 채 기둥에 묶여 불타는 인간 촛대가 되어야 했습니다. 로마 콜로세움을 완공시킨 도미티아누스 황제는 자신을 신으로 선포해 숭배를 강요합니다. 이때 그리스도인들은 숭배를 거부하고 박해를 피해 로마를 떠나야 했습니다. 디오클레티아누스 황제(재위 303~311) 시기에 박해는 제국 전역으로 확대되며 절정에 이릅니다. 기독교인의 재산은 몰수당하고, 집회는 금지되었으며, 공직에서 파면되었고, 성경은 불살라졌으며, 성직자들은 유배지로 추방당하거나 처형되었습니다.

순교로 사라진 제자들

열두 제자들도 예외는 아니었습니다. 성경에 기록된 사실은 아니지만 고대 문헌들에는 제자들의 마지막 모습이 기록되어 있습니다.

십자가에 거꾸로 달린 베드로

수제자였던 베드로는 십자가에 거꾸로 매달렸습니다. 자신을 붙잡으러 온 로마 병사들에게 자신은 예수님처럼 달릴 수 없다고 말했기 때문이죠. 한때 그리스도의 부활을 의심했던 도마는 인도에서 복음을 전하다가 순교했습니다.

교회 다니면서 교회사도 몰라?

안드레는 소아시아와 흑해의 북부 해안에까지 복음을 전하다가 십자가에 X자 모양으로 매달려 순교했습니다. 한 수도승이 안드레의 뼈를 스코틀랜드로 가져왔다는 기록이 있어요. 그래서인지 지금도 스코틀랜드의 국기는 X형 십자가입니다.

다대오는 아프리카에서, 빌립과 바돌로매는 소아시아에서 순교합니다. 야고보는 스페인 산티아고에 무덤을 남겼습니다. 지금도 수많은 스페인 순례객들이 산티아고 성당이 있는 순례 길을 찾습니다.

로마 시민권자였던 바울은 십자가형을 면했습니다. 십자가형은 너무나 잔인했기에 로마 시민에게는 허용하지 않았습니다. 대신 바울은 로마에서 칼로 참수형을 당합니다.

순교자들의 피는 교회의 씨앗

열두 제자들에 이어 교회 지도자들의 순교가 이어집니다. 그들이 남긴 최후의 한 마디는 교회 역사에 어록으로 남았습니다.

젊은 시절에 사도 요한에게 직접 배웠던 폴리갑(Polycarp, 69~155)은 서머나 교회의 존경받는 지도자였습니다. 86세가 된 폴리갑에게 위기가 찾아옵니다. 로마 총독은 황제와 신들에게 제사하지 않는 폴리갑을 체포합니다. 그리고 총독의 회유가 시작됩니다. "그리스도를 저주하라. 그러면 당장 풀어주겠다!" 폴리갑을 조롱하는 로마 군중의 함성이 함께 울려 퍼집니다. "그리스도를 저주하라! 저주하라!" 하지만 그들을 향해 폴리갑은 단호하게 말합니다. "지난 86년 동안 그리스도를 섬겨왔

화형으로 순교하는 폴리갑

지만, 그분은 나를 한 번도 버리신 일이 없었소. 내가 어떻게 나의 왕을 모욕할 수 있겠소?" 이 말은 폴리갑의 유언이 되었고, 그는 산 채로 화형을 당합니다.

이그나티우스Ignatius of Antioch 는 안디옥 교회의 명망 높은 지도자였습니다. 사도 베드로와 요한의 제자요 안디옥의 감독이었던 그는, 전승에 따르면 예수께서 무릎에 앉히고 축복하셨던 어린아이라고 전해집니다. 그는 트라야누스 황제(재위 98~117) 때 로마 원형극장에서 맹수의 이빨에 찢겨 순교했다고 전해집니다. 이그나티우스는 죽음을 앞둔 자신을 위해 기도하는 성도들에게 이런 편지를 남깁니다. "내가 맹수들의 밥이 되도록 하십시오. 나는 맹수들을 통해 하나님께 나아갈 것입니다. 나는 하나님의 밀입니다. 야수의 이빨에 갈려 그리스도의 순결한 떡으로 나타날 것입니다."

부유한 가정에서 자랐던 유스티누스Justinus는 그리스 철학으로 성경을 이해하여 당시 지성인들에게 기독교를 설명했던 지식인이었습니다. 165년, 아우렐리우스 마르쿠스 황제(재위 161~180)는 그에게 참수형을 내립니다. 그는 이 말을 남기고 사랑하는 예수님의 품에 안깁니다. "그리스도인들은 모두를 사랑하지만, 모두에게 박해를 받습니다. 그들은 죽음으로 내몰리지만 생명을 얻습니다. 그리스도인들은 세상 안에 있지만 이 세상의 것이 아닙니다." 역사는 그에게 순교자 저스틴Justin

교회 다니면서 교회사도 몰라?

Martyr이라는 이름을 붙여주었습니다.

페르페투아의 아버지는 딸에게 신앙을 포기하라고 말했습니다. 그녀는 아버지에게 말했습니다. "아버지, 이 그릇을 보세요. 이 물그릇이 다른 이름으로 불릴 수 있을까요? 그렇다면 저도 제 이름인 그리스도인 말고 다른 어떤 이름으로 저 자신을 부를 수 없어요." 이 위대한 신앙의 여전사는 원형 경기장에서 검투사의 검에 순교합니다.

블란디나는 아프리카 출신의 여성 노예였어요. 그녀는 굽히지 않는 신앙 때문에 체포되었습니다. 로마 군사들은 블란디나를 경기장으로 끌고가 십자가에 매달고 피부를 벗겨 채찍질하고 맹수에게 물어뜯게 했으며 성난 황소 우리에 내던졌습니다.

로마 황제들은 성경을 불태우고 교회를 파괴했습니다. 제사를 거부한 기독교인들은 한쪽 눈이 뽑혔고, 다리가 잘렸으며, 죽을 때까지 탄광에서 노동해야 했습니다. 이름을 알 수 없는 수많은 그리스도인이 순교의 값

로마의 카타콤

진 피를 흘렸습니다. 박해를 피해 신앙을 지키기 원했던 그리스도인들은 로마 외곽에 있는 무덤 지하로 모여들었습니다. 카타콤이라 불리는 이 지하 교회는 땅 위의 어떤 장소보다 찬란

하게 빛나는 장소였습니다.

"순교자의 피는 교회의 씨앗이다"라고 말한 터툴리안의 말 그대로, 순교자의 피를 머금은 교회는 거대한 나무로 자라고 있었던 것이죠.

로마가 그토록 교회를 미워한 이유

로마는 왜 그렇게 교회를 싫어했을까요?

로마인들이 보기에 기독교는 죽은 조상에게 제사를 지내지 않는 무례한 종교이며, 성전도 없고 신상도 만들지 않는 근본 없는 종교였어요. 기독교인들은 빵을 나누어 먹으면서 몸을 먹는다고 말하고, 포도주를 마시면서 피를 마신다고 말하는 괴상한 무리였고, 무시당하던 여자들을 존중하고 비천한 노예들에게 호의를 베풂으로써 사회 질서를 어지럽히는 집단이었습니다. 교회는 예수라는 나사렛 출신 목수가 죽었다가 부활했고 곧 재림할 것이라는 미신에 사로잡힌 모임에 불과했습니다.

무엇보다, 로마가 볼 때 기독교는 반로마적인 종교였어요. 로마는 다종교 사회였는데 기독교인들은 신전이나 극장에서 이교도들과 어울리지 않았죠. 제국의 분열을 조장하는 세력으로 보기에 충분했습니다. 종교적으로 로마는 그리스의 다신 종교를 수용했는데, 유일신 종교인 기독교가 여러 신을 숭배하지 않아 신들의 노여움을 사면 제국의 평안에 걸림돌이 된다고 생각했습니다. 황제를 숭배하지도 않고, 제국의 통치에 기여하지도 않는 이들은, 반사회적이고 반체제적인 위험인물일 뿐이었습니다. 이런 이유로 로마는 교회를 끔찍이 싫어했고, 로마와 교회의 관계는 더할 수 없이 악화했습니다.

익투스의 비밀

교회는 시작과 동시에 끝나버릴 위기에 처합니다. 제국의 황제들에게 미움받는 교회는 태풍 앞의 촛불과 같았습니다. 신앙을 포기하면 생명을 얻고, 신앙을 지키려면 생명을 포기해야 했습니다. 하지만 끝이 보이지 않는 박해 속에서도 신앙의 선진들은 그 믿음을 피로 지켜냅니다.

믿음이 무엇이길래 그들이 그렇게까지 생명을 걸고 지키려고 했던 것일까요?

익투스(ΙΧΘΥΣ)

예수, 그리스도, 하나님, 아들, 구원자. 초대교회 성도들에게는 입에 담기만 해도 가슴이 차오르는 단어였습니다. 이 다섯 단어에 해당하는 헬라어의 머리글자를 하나씩 따면 새 단어인 익투스ΙΧΘΥΣ가 나옵니다. '물고기'라는 뜻을 가진 이 헬라어는 이 땅에 존재했던 첫 교회 첫 성도들의 순결하고 비밀스러운 고백이었습니다. 오늘날 기독교의 상징처럼 사용되는 이 물고기 문양은 그리스도인이라는 사실을 밝히는 순간 죽음을 각오해야 했던 그 박해 시기에, 서로 그리스도인임을 확인하는 암호였습니다.

교회는 박해를 당할수록 더 견고해졌고 고난을 받을수록 더욱 하나가 되었습니다. 그렇게 교회는 불같은 고난을 통과하여 더 강하고 더 빛나는 하나님의 검으로 다시 태어납니다.

그곳에 교회가 있었다

자, 마음으로 떠나는 성지순례 시간입니다. 다 같이 튀르키예(터키)의 카파도키아로 떠나봅시다. 이곳은 용암이 굳어져서  형성된 아름다운 계곡과 자연 경관으로 유명합니다. 이 수려한 경관을 보기 위해, 매일 아침 관광객들을 태운 수십 대의 열기구가 하늘을 수놓습니다. 전설적인 SF 영화 《스타워즈》 아시죠? 이 시리즈를 연출한 조지 루카스 감독이 지구가 아닌 우주의 어느 행성을 닮은 곳을 카메라에 담기 위해 촬영 장소로 선택한 곳이 바로 카파도키아입니다.

데린쿠유

> 카파도키아는 지구의 자연이라고는 상상하기 힘든 지역이다.
> _조지 루카스 감독

이 신비롭고 아름다운 곳에 '데린쿠유'라 불리는 지하 도시 Underground City가 있습니다. 2000년 전, 로마의 박해를 피해 성도들이 이주해서 살던 지하 도시죠. 데린쿠유는 '깊은 우물'이라는 의미처럼 85미터, 대략 지하 20층 깊이에 있습니다. 카파도키아에 있는 총 36개의 지하 도시에 핍박받는 기독교인들이 최대 1만여 명까지 거주했다고 합니다. 이 거대한 개미굴과 같은 지하 도시로 내려가다 보면, 그 깊은 지하에 방, 부엌, 곡

교회 다니면서 교회사도 몰라?

물 저장소뿐 아니라 예배 장소와 신학교까지 있었습니다.

　콘스탄티누스 황제가 기독교를 공인하기까지, 그러니까 대략 300년간이나 이 지하 도시가 유지된 셈입니다. 신앙을 지키기 위해 스스로 지하 도시에서의 삶을 선택한 그들에게, 그 삶은 과연 어떤 의미였을까요? 지상의 박해자들을 피해 지하로 숨어들어야 했던 그들에게 이 도시는 칼과 창으로도 무너뜨릴 수 없었던 신앙의 요새, 평화의 공동체가 아니었을까요?

　나는 이 반석 위에다가 내 교회를 세우겠다. 죽음의 문들이 그것을 이기지 못할 것이다 _마 16:18, 새번역성경.

함께 봐요

《바울》, 앤드류 하얏트 감독, 2018, 영화.
누가의 시선으로 본 바울의 사역과 일생을 다룬 영화로, 인간 촛대로 순교한 그리스도인들이 로마의 어둠을 밝혔듯 순교자들의 믿음으로 로마는 생명을 얻게 된 것임을 감동적으로 전한다.

《벌거벗은 세계사》, EP. 69, 2022, tvN.
전 세계에 영향을 끼친 '예수'의 탄생, 그리고 기독교의 시작과 로마제국의 종교 박해의 진실

《KBS 여행 걸어서 세계 속으로》, 세계문화유산탐험 3편: 카파토키아, 2020, KBS.
터키 카파도키아에 숨겨진 200개의 비밀 지하 도시를 가다. 침략과 전쟁이 끊이지 않았던 카파도키아, 그래서 건설된 지하 도시 데린쿠유

Q&A

Q. 로마가 교회를 박해한 결과는 무엇이었나요?

A. 교회는 태동과 함께 박해에 직면합니다. 박해의 중심에는 로마 황제가 있어요. 세속 권력의 정점에 있던 로마 황제는 그 무소불위의 권력으로 신흥 종교인 기독교를 무자비하게 박해합니다. 이 박해는 AD 64년 네로 황제에서 시작되어, 콘스탄티누스 황제 즉위 전까지 약 250년간 계속됩니다. 부인할 수 없는 사실은 박해받는 교회의 모습이 그들이 믿는 그리스도의 모습과 일치했다는 것입니다. 교회는 박해받을수록 더 단단해지고 더 정결해졌습니다.

오히려 4세기 초, 콘스탄티누스 황제가 기독교를 수용하기로 결정한 이후 교회 역사는 뜻밖의 방향으로 흐릅니다. 박해의 시대에 신앙의 순수성을 지키기 위해 목숨을 걸었던 교회는 박해가 그치자 교리의 변질과 교권 타락으로 이어졌고, 제국의 종교가 된 기독교는 권력화되면서 '기독교 왕국'Christendom으로 변질됩니다. 초대교회는 박해받지만 승리하는 교회였으나, 중세교회는 군림하지만 패배하는 교회가 되었으니 참으로 역사의 아이러니가 아닐 수 없습니다.

G. K. 체스터턴은 말합니다. "교회와 국가 사이의 친밀한 관계는 제국을 위해서는 좋은 것이었으나 교회를 위해서는 나쁜 것이었다." 든든한 조직도 갖추지 못했고 제대로 된 건물도 없었던 초대교회가 제국 로마를 상대로 250년을 견디며 싸울 수 있었다는 것은 참으로 놀라운 일입

교회 다니면서 교회사도 몰라?

니다. 초대교회 박해의 역사는 '교회란 본래 무엇인지, 교회의 원형은 무엇인지'를 고요하게, 그러나 힘차게 말해주고 있습니다.

참고자료

- 『초대교회사』, 박용규, 한국기독교사연구소, 2016.
- 『기독교 역사 100장면』, 리처드 코니시, 도마의길, 2010.

3 AD 64~73
아아! 마사다

#난공불락_마사다 #지못미예루살렘 #유대로마전쟁 #요세푸스 #황제가된장군

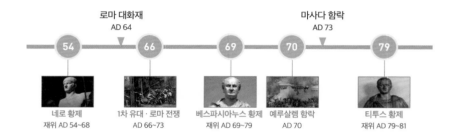

로마 대화재
AD 64

마사다 함락
AD 73

54
66
69
70
79

네로 황제
재위 AD 54~68

1차 유대 · 로마 전쟁
AD 66~73

베스파시아누스 황제
재위 AD 69~79

예루살렘 함락
AD 70

티투스 황제
재위 AD 79~81

반란의 시작

로마제국은 계속 팽창했고 지배자의 갑질과 횡포는 날로 더해갔어요. AD 64년에 유다에 부임한 로마 총독 플로루스는 속주인 유대로부터 어마어마한 세금을 거두어들였고, 심지어 유대인들이 생명처럼 소중히 여기는 예루살렘 성전에 바쳐진 헌금까지 탐냈습니다. 황제의 묵인하에 진행된 무자비한 총독의 폭정을 견디다 못한 유대인들의 분노가 마침내 폭발합니다.

반란의 서막이었습니다. 유대인들은 군대를 조직하고 로마와의 전쟁을 선포했습니다. 민족의 독립을 위해서라면 무장 투

교회 다니면서 교회사도 몰라?

쟁도 불사하던 젤롯당이 선봉에 섰고, 로마에 대한 분노를 가득 품은 유대인들이 동참했습니다. 유대 반란군들은 예루살렘에 주둔해 있던 로마 요새를 공격합니다. 반란군의 기습적인 거친 공격에 로마 12군단은 참패당합니다. 제국의 변방에서 들려온 심상치 않은 반란 소식이 네로 황제에게 보고되고, 분노한 황제는 제국에 반기를 든 반란군을 제압하여 본보기로 삼기로 결정합니다. 황제가 꺼낸 비장의 히든 카드, 그는 누구일까요?

황제가 된 장군

로마 장군 베스파시아누스는 전쟁터에서 잔뼈가 굵은 백전노장이었습니다. 이미 로마제국 내의 반란을 진압하는 데 많은 공을 세웠던 그에게 유대 반란을 진압하라는 네로 황제의 명령이 내려집니다. 그는 아들 티투스와 함께 6만 명의 군사를 이끌고 출격합니다. 유대인 지도자 요세푸스는 베스파시아누스 장군과 그의 아들 티투스를 만나 의미심장한 말을 전합니다.

"당신과 당신의 아들은 로마의 황제가 될 것입니다!" 이 황당한 예언이 현실이 될 줄 누가 알았을까요?

AD 68년 6월 9일, 31세의 폭군 황제 네로가 갑작스럽게 자살한 것입니다. 황제의 자살로 말미암은 혼란을 수습할 적임자로 로마와 원로원은 베스파시아누스를 선택합니다. AD 68년, 군대 총사령관이었던 베스파시아누스는 유대 원정을 중단하고 새 황제로 즉위하기 위해 로마로 돌아가야 했습니다. 로마 황제가 된 베스파시아누스가 못다 이룬 임무는 아들 티투스에게 맡겨집니다. 그렇게 새 사령관이 된 티투스는 아버지가 남긴 미션, 즉 유대 반란을 응징하기 위해 다시 유대로 향합니다.

유대인들은 수도 예루살렘을 중심으로 필사적으로 저항했지만, 황제의 아들 티투스가 이끄는 6만의 로마 정예부대를 막아내기에는 역부족이었죠. 로마군은 예루살렘을 완전히 포위했고, 식량과 물자 공급이 끊어진 채 다섯 달이 흘러갑니다. 이스라엘의 수도이자 거룩한 도성인 예루살렘은 차마 눈 뜨고 볼 수 없는 생지옥 자체였습니다. 사령관에게 황제가 될 것을 예언한 덕에 호의를 받아 역사가가 된 유대인 요세푸스는 이 참혹한 역사를 기록으로 남겼습니다.

> 굶주린 사람들은 손닿는 대로 뭐든지 씹어 먹으려 들었다. 짐승들도 쳐다보지 않을 쓰레기를 주워 음식으로 삼았다. 마지막에는 허리띠와 신발, 방패에서 벗겨낸 가죽까지 씹어 삼키고 있었다.
> _요세푸스, 『유대 전쟁사』(The Jewish War)

AD 70년, 마침내 예루살렘이 함락됩니다. 예루살렘 성전은 한쪽 벽만 남겨둔 채 처참히 불타버립니다. 지금도 예루살렘에 가면 키파(유대인의 전통 모자)를 눌러쓰고 성전 벽 앞에서 기도하는 수많은 유대인의 모습을 볼 수 있어요. 유대의 아픈 역사를 간직한 채, 예루살렘 성전이 다시 회복되기

통곡의 벽(예루살렘)

교회 다니면서 교회사도 몰라?

를 기도하는 그 벽은 '통곡의 벽'이라고 불립니다.

예루살렘을 둘러싸던 그 성벽의 남은 것을 제외하고는, 로마군은
심지어 기초까지 파내 철저히 무너뜨려서 사람이 살았던 흔적을
거의 지워버렸다. 그들의 혁신적인 광기로 인해, 대단히 장엄하며
모든 인류에게 위대함을 선사했던 도시, 예루살렘은 그렇게 종말
을 맞았다.

_요세푸스, 『유대 전쟁사』

4년이나 계속되었던 '유대-로마 전쟁'은 그렇게 막이 내립
니다. 수만 명의 유대인이 굶어 죽거나 살육되었고, 살아남은
사람들은 노예로 팔려 광산이나 검투장에서 희생되었으며, 포
룸과 콜로세움 건설에 동원되었습니다.

유대 전쟁을 승리로 이끈 사령관 티투스는 아버지 베스파
시아누스 황제에 이어 제10대 황제(재위 79~81년)로 즉위합니
다. 로마는 티투스의 업적을 기리기 위해 포로 로마노 광장에
거대한 개선문을 세웁니다. 위풍당
당한 티투스의 모습은 개선문에 조
각으로 새겨져 오늘날까지 생생히
전해집니다.

이 전쟁의 끝 무렵, 예루살렘에서
멀리 떨어진 뜻밖의 장소에서, 유대
역사 가운데 가장 드라마틱하면서도
극적인 사건이 일어납니다.

티투스 개선문(로마)

비운의 요새 마사다

마사다는 히브리어로 '요새'라는 뜻입니다. 유네스코 세계유산으로 등재된 이 장엄한 요새는 그 아름다움과 대조되는 비극적인 역사를 품고 있어요. 이스라엘 남쪽 유대 광야 동편, 사해를 바라보며 해발 434미터 높이로 우뚝 솟은 마사다는 남북의 길이가 600미터나 되고, 서쪽은 90미터인 가파른 절벽으로 난공불락의 지형이며, 75만 리터의 물이 저장된 12개의 저수지를 갖춘 천혜의 요새입니다.

헤롯왕이 건설한 이 요새는 아름다운 테라스를 자랑하는 화려한 저택과 로마 스타일 목욕탕, 견고한 성벽을 자랑합니다. 로마가 수도 예루살렘을 함락했을 때, 유대인 반란군들이 저항을 계속하기 위해 선택한 곳이 이곳 마사다였어요. 천하의 로마군이라도 거대한 바위 절벽 위에 우뚝 솟은 마사다 요새를 공략하기란 결코 쉽지 않았죠.

마사다에 남은 유대인들은 여자와 아이들까지 모두 합쳐도 1,000명도 되지 않았어요. 독 안에 든 쥐와 같은 남은 유대인 잔당들을 간단히 제압하고 다시 로마로 돌아가겠다는 로마군의 생각은 오산이었습니다. 마사다 요새를 중심으로 유대인들은 격렬히 저항했고, 저항군에 의한 로마군의 피해가 속출합니다.

로마 총독 루시우스 플라비우스 실바는 로마 보병 제10군단을 이끌고 마사다 요새 주변을 포위합니다. 8개의 진지를 구축하고 요새 주변에 망루를 세워 마사다를 감시하면서, 솟아오른 바위산을 기어오르며 공격을 시도합니다. 그러나 수직

교회 다니면서 교회사도 몰라?

마사다 요새(이스라엘 사해)

으로 솟은 가파른 벼랑 위에서 바위를 던지며 활을 쏘아대는 유대인들 때문에 요새에 진입할 수가 없었어요. 로마와 유대, 서로의 자존심을 건 항전은 이런 식으로 2년이나 계속되었어요. 오랜 싸움으로 로마군은 점점 지쳐갑니다.

마침내 로마 10군단은 최후의 방편을 취합니다. 높이 솟은 요새를 공격할 수 있도록 마사다와 같은 높이의 성채를 쌓기 시작한 것이죠. 요새의 유대인들은 공사를 막기 위해 필사적으로 공격했어요. 그러자 로마군은 유대인 6천 명을 노예로 동원하여 공사를 진행합니다. 차마 같은 민족을 공격할 수 없었던 유대인들은 피눈물을 머금은 채 성채 공사가 진행되는 것을 그저 지켜볼 수밖에 없었어요. AD 73년, 마침내, 성채가 완성되었고 로마군은 경사로를 타고 마사다 요새 진입에 성공합니다. 73년 4월 16일, 마침내 마사다 성벽이 무너집니다.

요새에 있던 유대인들은 비굴한 삶보다 영광스러운 죽음을 택하기로 합니다. 유대교 율법은 자살을 금하고 있었으므로,

다른 방법을 취해야 했어요. 먼저 각자 자기 가족을 죽이고, 남자 중 10명을 뽑아 남은 남자들을 죽이고, 10명 중 한 사람을 제비뽑아 그 사람이 나머지 아홉 명을 죽이는 방식으로 진행되었어요. 마지막 한 사람은 자살했습니다. 그것이 유대인으로서 신앙과 자존심을 지키는 것이라고 생각했을까요. 상처뿐인 영광이었습니다.

그렇게, 날이 밝았고, 파괴된 성벽을 통해 요새로 진입한 로마군들은 불탄 건물과 960명의 주검 앞에서 경악을 금치 못했습니다. 마사다 정복 작전을 지휘한 로마 사령관 플라비우스 실바는 이런 말을 남깁니다. "나는 마사다를 정복했지만, 유대인을 정복하지는 못했다."

돌 하나도 남지 않고

오늘날, 마사다 요새는 현대 이스라엘 군사 학교의 마지막 훈련 코스입니다. 험한 요새를 오른 이스라엘의 군인들은 이렇게 외치며 각오를 다집니다. '마사다를 기억하라!' 이 비운의 요새에는 오늘날 관광객을 위한 트래킹 코스와 케이블카가 설치되어, 많은 관광객이 방문하여 그날의 역사를 돌아보고 있습니다.

신약 성경의 예언 그대로 이루어진 것입니다. "내가 분명히 말해둔다. 너희가 보고 있는 이 건물이 돌 하나도 제대로 얹혀 있지 않고 다 무너져 내릴 것이다"마 24:2, 현대인의 성경.

예루살렘 성전을 자랑스러워하던 유대인을 향한 예수님의 경고는 그대로 성취되었습니다. 선택된 민족이라는 자부심,

교회 다니면서 교회사도 몰라?

모세의 율법, 제사 규례, 오랜 전통…. 유대교를 상징하던 예루살렘 성전의 파괴는 유대인에게 받아들일 수 없는 충격이었어요. 예루살렘 성전의 몰락과 유대 독립 전쟁의 패배. 이 비극의 역사로 한 시대가 저물고 새 시대가 시작됩니다.

유대교와 기독교, 각자의 길을 가다

처참하게 불타버린 예루살렘 성전과, 결사적 항전에도 불구하고 무너져 내린 마사다 요새는 수치와 굴욕을 당한 유대교의 상징이었습니다. 막강한 로마의 군사력은 유대인의 반란은 진압했지만 기독교의 확산을 막지는 못했어요. 이후 기독교는 유대교와 결별하여 다른 길을 걷기 시작합니다. 그렇게 교회 역사는 새로운 장으로 접어들고 있었어요.

함께 보요

《KBS 여행 걸어서 세계 속으로》, 세계문화유산탐험 38편: 이스라엘 마사다 유적, 2020, KBS.
서기 70년, 로마의 침략으로 잿더미로 변한 예루살렘, 통곡의 벽과 유대인들의 기도행렬, 요새 마사다를 포위한 로마군과 끝까지 항전했던 유대인들의 역사를 조명한다.

《저스티스의 역사여행: 마사다 포위전》, 2022, 유튜브.
충차(衝車), 파성퇴, 발리스타 등 선진 군사과학을 뽐내며 제1차 유대 로마 전쟁을 마무리 지은 마사다 공성전에 대한 역사 다큐멘터리

Q&A

Q. 유대교와 기독교는 뭐가 다른가요?

A. 유대교와 기독교의 가장 큰 차이는 유대교는 유대인만의 민족종교라는 점이고, 기독교는 세계의 보편종교라는 점입니다. 한국선교연구원KRIM이 발표한 2022년도 자료에 따르면, 현재 유대교 신자의 숫자는 1,500만 명 정도이며, 기독교는 천주교 포함 24억 명 이상입니다.

먼저 유대교를 봅시다. 유대교Judaism은 야훼를 유일신으로 섬기는 고대 셈족의 종교로 혈통적으로는 아브라함의 후손임을 중시하고 교리적으로 모세 율법을 강조하는 종교로 출발했습니다. AD 1세기경에는 성전과 제사 중심의 사두개파, 율법과 회당 중심의 바리새파가 양대 산맥을 이루고, 정치적으로 로마에 저항했던 젤롯당(Zealots, 열심당)과 현실도피 성향의 극단적 금욕주의자들인 에세네파까지 더해져 4대 종파를 이룹니다. 그러나 AD 70년 로마가 예루살렘을 함락한 후 4대 종파에서 바리새파만 남았고, 랍비 주도의 탈무드를 중시하는 형태로 오늘까지 이어져 오고 있습니다.

오늘날 유대교 신자는 전 세계 인구의 0.2퍼센트에 불과하지만 그들이 세계 정치와 경제에 미치는 영향력은 대단합니다. 마이크로소프트 창업자 빌 게이츠, 애플 창업자 스티브 잡스, 페이스북 창업자 마크 저커버그, 구글의 공동창업자 래리 페이지와 세르게이 브린은 모두 유대인입니다. 유대인은 노벨 경제학상 수상자의 42퍼센트, 세계 억만장자의 30퍼

교회 다니면서 교회사도 몰라?

센트를 차지하기에, 신도 수에 비해 존재감은 실로 대단합니다.

기독교는 유대교의 배경 속에서 태동합니다. 예수 그리스도가 태어난 곳은 유대 땅이었고, 예수님도 제자들도 바울도 모두 유대인이었습니다. 여호와를 창조주 하나님으로 믿고 구약 성경을 경전으로 삼는다는 점에서는 동일하지만 예수를 메시아로 인정하지 않는다는 점에서 결정적인 차이가 있습니다.

유대교는 율법 준수를 구원의 조건으로 가르치며, 예수를 믿음으로 구원받는다는 기독교 교리를 배척했습니다. 그래서 초기 기독교 전파 과정에서 유대교와의 충돌은 불가피했습니다. 유대교도였던 바울이 기독교로 개종한 사건은 유대교와 기독교의 결별을 의미했습니다. 기독교는 바울을 통해 이방 세계로 전파됨으로서 유대주의의 벽을 넘어 탈민족적인 보편종교로 발전합니다. 오늘날 기독교는 유대인을 복음 전 파와 선교 대상으로 여깁니다. 율법과 탈무드를 경전으로 삼는 유대교와 구약과 신약을 경전으로 믿는 기독교. 결국 성경을 바라보는 관점, 즉 성경관이 두 종교를 갈라놓은 셈이죠.

4

AD 44~397

교회, 성경을 갖다

#첫순교자 #화산폭발 #폼페이 #캐논 #성경이필요해

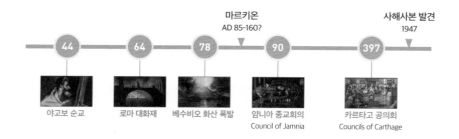

			마르키온 AD 85-160?		사해사본 발견 1947

44   **64**   **78**   **90**   **397**

야고보 순교   로마 대화재   베수비오 화산 폭발   얌니아 종교회의
Council of Jamnia   카르타고 공의회
Councils of Carthage

성경, 부동의 베스트셀러

세계에서 가장 많이 팔린 책은 무엇일까요? 〈리스트 챌린지〉
는 "지난 50년간 세계에서 가장 많이 팔린 책" 순위를 발표했습
니다(www.listchallenges.com). 파울로 코엘료의 『연금술사』가 5위,
J. R. 톨킨의 『반지의 제왕』이 4위, J. K. 롤링의 『해리포터 시리
즈』가 3위를 차지했습니다. 2위는 중국 공산당 모택동 주석의
어록을 편집하여 출판한 『모택동 어록』입니다. 14억 중국인들
이 선택한 이 책을 제치고 부동의 1위를 차지한 책은 무엇일까
요? 네, 바로 성경입니다.

여러분의 집에는 성경이 몇 권 있나요? 아마도 최소한 가족 숫자만큼은 있을 겁니다. 기독교는 성경과 떼려야 뗄 수 없는 관계에 있죠. 그럼, 교회는 언제부터 성경을 갖게 되었을까요?

교회, 표류를 시작하다

세계의 지배자인 로마 황제는 자신에게 무릎 꿇지 않는 기독교인들을 싫어했습니다. 유대교 지도자들은 율법 준수가 아니라 믿음으로 구원받는다고 가르치는 기독교가 싫었습니다. 그러나 로마가 아무리 박해하고, 유대교가 아무리 억압해도 교회의 성장을 막을 수 없었습니다. 거센 바람에 번져가는 산불처럼, 우산으로는 도저히 막을 수 없는 여름날 폭우처럼, 교회는 걷잡을 수 없이 퍼져 나갔습니다. 그때 교회에 찬물을 끼얹는 일이 일어납니다.

순교의 첫 열매

야고보는 형제 요한과 함께 예수님을 따랐던 제자로, 교회의 지도자로 널리 존경받는 인물이었습니다. 그런데 그것이 야고보가 죽어야 했던 이유가 되었습니다. 거의 무한에 가까운 종교의 자유를 가진 나라에서 살아가는 우리는 종교 때문에 죽어야 한다는 의미가 무엇인지 제대로 실감하지 못합니다. 야고보는 예수를 믿는다는 이유 하나로 국가 권력에 의해 생명을 잃습니다. 예수님의 부르심을 받은 충성스러운 제자요, 예루살렘 교회를 이끌었던 신실한 사도 야고보는 비열한 헤롯 아그립바의 칼날에 생을 마감합니다. 야고보는 성경에

처음으로 순교한 사도, 야고보

최초로 순교한 사도로 교회 역사에 이름을 남깁니다.

하지만 이것은 시작에 불과했습니다. 교회를 이끌었던 사도들은 야고보의 뒤를 이어 차례로 순교의 잔을 마셔야 했습니다. 지도자를 잃은 교회는 심각한 문제에 봉착합니다. "이제, 우리는 누구를 따라야 하는가!"교회는 마치 선장을 잃은 배와 같이 표류하기 시작합니다.

교회, 암초를 만나다

설상가상으로 표류 중인 교회는 이단이라는 암초를 만납니다. 시간이 흐르면서 예수님과 함께 다녔고 직접 배웠으며 그분이 부활하신 모습을 직접 보았던 사도들이 하나둘 세상을 떠나자, 지도자를 자처하며 교회를 혼란스럽게 하는 무리가 나타나기 시작했습니다.

바울의 후계자를 자칭했던 마르키온(Marcion of Sinope, 약 85~160)은 예수님이 하나님의 아들이 아니라 그저 사람일 뿐이라고 주장했습니다. 마르키온이 이끌었던 이 위험한 사상을 영지주의Gnosticism라고 부릅니다. 이들은 구원을 얻는 비밀스러운 지식은 오직 선택된 자신들만 알 수 있다고 주장했습니다. 영지주의자들은 눈에 보이는 물질적인 모든 것을 악하다고 보았고, 눈에 보이지 않는 영적인 것만을 선하다고 여겼습니다.

교회 다니면서 교회사도 몰라?

그런 그들에게 눈에 보이는 예수님의 몸은 결코 선할 수 없었어요. 거룩한 신적 존재가 거룩하지 않은 인간의 몸을 가질 수 없다고 생각했기 때문이죠. 그러므로 그들은 예수님은 인간이 될 수도 없고, 되신 적도 없다고 가르쳤습니다. 그들의 거짓 주장은 예수님이 십자가에서 흘리신 피와 찢기신 몸, 죽음과 부활과 같은 기독교의 핵심 진리들을 의미 없게 만드는 것이었습니다. 교회는 혼란스러웠습니다.

엎친 데 덮친 격이랄까요. 서기 63년부터 계속된 심상치 않은 지진들은 다가올 큰 재앙의 전조였습니다.

폼페이 최후의 날

나폴리 남동부 연안의 아름다운 휴양 도시 폼페이는 로마의 번영을 상징하는 아이콘이었습니다. 그런데 79년 8월, 베수비오 화산 대폭발은 인구 3만을 자랑하던 이 평화로운 도시를 한순간에 죽음의 도시로 만들어버립니다. 엄청난 양의 화산재와 화산암이 인근 도시 폼페이로 쏟아져 내렸고, 수천 명이 고온 가스와 열 구름에 죽임당했습니다.

> 별과 달이 없는 밤의 어두움이 아니라 꽉 막힌 방 안에 불을 끈 것과 같은 암흑이었다. 아낙네의 비명, 아이의 울음소리, 사내들의 고함이 들려왔다. 부모를 찾고 자녀를 찾고, 남편을 찾고 아내를 찾는 소리가 공포 속에서 서로를 확인하려 애썼다. 죽음의 공포를 이길 수 없어 오히려 죽음을 달라고 애원하는 사람들도 있었다.
> _플리니우스

폼페이의 유적

화산재에 뒤덮여 흔적 없이 사라져버린 폼페이는 그 후 약 1,500년이 지나서야 발굴되어 세상에 알려집니다.

AD 1세기, 지진과 화산 폭발, 흑사병과 같은 자연재해들이 끊임없이 이어지자 공포를 느낀 사람들은 세상을 외면하고 영적인 세계만을 추구하는 영지주의자들의 주장에 더욱 관심을 갖기 시작합니다.

교회도 마찬가지로 소란스럽고 무질서했습니다. "무엇이 사실이고 무엇이 거짓인지를 어떻게 판단하지? 진실을 말하는 사람과 거짓을 주장하는 사람을 어떻게 구분해야 할까? 누구에게 물어 봐야 하나?" 지도자의 부재와 이단이라는 암초에 부딪힌 교회는 좌초해 침몰하기 직전이었습니다.

책 이상의 책

이 혼란과 위기의 순간에 교회에 필요한 것은 무엇이었을까

교회 다니면서 교회사도 몰라?

요? 네, 바로 정확한 '기준'Canon
이었습니다. 누가 하나님의 뜻을
가르치는 진리의 전달자인지, 누
가 사탄의 메시지를 전하는 이단
인지를 구분하는 기준이 필요했
습니다. 교회가 무엇을 믿는지

성경 두루마리

무엇을 믿어서는 안 되는지 구분할 기준이 필요했어요. 신뢰할
만한 누군가가, 그리스도의 생애와 교훈을 더 이상 말이 아닌
문자로 기록해야 했습니다.

그렇습니다. 당시 교회에 필요한 것은 책이었습니다. 흩어
져 있는 수많은 교회에 비해 지도자들의 숫자는 턱없이 부족했
기 때문에 여러 교회가 함께 읽을 수 있는 책이 꼭 필요했지요.

우리에게 익숙한 영어 단어인 '캐논'Canon은 바로 '기준'이
라는 뜻입니다. 곧은 막대기, 자, 표준, 척도, 규범이라는 뜻이
있습니다. 기준이 되는 책, 신적 기원을 가진 책, 영원한 진리
를 담은 책, 라틴어로 '카논', 한자로 정경(正經)이라고 불리는
책, 책 이상의 책…. 신약 성경은 이렇게 탄생합니다.

이렇게 해서 사도들과 사도적 인물들은 성령의 특별한 감화와 인
도하에 스물일곱 권을 기록하게 되었다.
_필립 샤프

위기에 처한 교회를 위한 하나님의 방법은 '성경'이었습니
다. 일촉즉발의 위기 속에서 교회를 보호하기 위한 하나님의

극적 개입이었어요. 여기서 교회는 새로운 도전을 만납니다.

"그렇다면, 정경(正經)에 어떤 책들이 포함되어야 하는가?"

이제 성경이 확정된 과정을 알아볼 차례입니다. 먼저 구약 성경의 형성과정을 알아보기 위해, 유대의 반란으로 시작된 '유대-로마 전쟁' 당시로 돌아가봅시다.

기독교와 다른 종교를 구분하는 절대적인 기준

요하난 벤 자카이Yohanan ben Zakkai는 '1차 유대·로마 전쟁'(66~73년) 당시 유대인의 지도자였습니다. 로마에 패해 예루살렘이 몰락할 것과 유대인들이 뿔뿔이 흩어질 것을 예감한

얌니아(Jamnia)

그는, 로마 군대를 지휘하던 베스파시아누스 황제에게 한 가지를 요청합니다.

"예루살렘 근처에서 유대 경전을 공부할 수 있는 작은 학교를 세울 수 있도록 허락해주십시오."

이 요청은 받아들여졌고, AD 70년 예루살렘 멸망 후에 제사장과 율법사들은 로마가 종교 활동을 허락한 도시 얌니아로 이주합니다. 성전이 파괴된 이후 위기를 느낀 지도자들은 유대교의 통일성을 보존하고 신앙을 지키기 위해 정경의 필요성을 절실히 깨닫게 됩니다. 그리하여 AD 90년 요하난 벤 자카이의 주도로 얌니아에서 이루어진 이 회의를 "얌니아 종교회의"Council of

교회 다니면서 교회사도 몰라?

Jamnia라고 부르며, 이 회의에서 39권의 성경을 구약 정경으로 공식 확정합니다.

신약 정경화 과정은 이로부터 200년이 흐른 후에 진행되었습니다. 2세기의 영지주의자 마르키온은 누가복음과 바울서신 중 10권 만이 신약의 정경이라고 주장했습니다. 이로 인해 교회는 신약 정경에 대한 필요성을 깨닫기 시작했죠. 이후, 이레나이우스(이레니우스)는 사복음서와 바울 서신들, 베드로전서와 요한일서에도 권위를 부여했고, 3세기의 지도자 오리겐이나 유세비우스 같은 지도자들도 사복음서 외에 바울 서신을 포함한 사도의 편지들을 정경의 목록에 포함합니다. 특히, 303~313년까지 진행된 디오클레티아누스 황제(245~316)의 박해 시기에, 황제가 교회를 파괴하고 성경을 불태우자 교회는

구약 + 탈무드 = 유대교(Judaism)

구약 + 신약 = 기독교(Protestant)

구약 + 신약 + 외경 = 가톨릭(Catholic)

구약 + 신약 + 코란 = 이슬람(Islam)

구약 + 신약 + 몰몬경 = 몰몬교(조셉 스미스)

구약 + 신약 + 원리강론 = 통일교(문선명)

구약과 신약의 정경화

신약 정경의 필요성을 더 강하게 느끼게 됩니다.

오늘날 우리가 가진 신약 27권의 목록을 최초로 작성한 사람은 알렉산드리아의 주교였던 아타나시우스였습니다. 콘스탄티누스 황제로부터 요청을 받은 그는 교회에서 권위를 인정받아 온 책들을 선별하고 신중하게 조사하여 27권의 목록을 완성합니다(367년). 이후, 397년에 북아프리카 도시, 카르타고에서 열린 지도자 회의인 "카르타고 공의회"Councils of Carthage에서는 그 27권을 신약 정경으로 확정합니다.

> 우리가 정한 66권 정경 외에는 어느 것도 성경이라는 이름으로
> 교회에서 읽힐 수 없다.
> _카르타고 공의회(397년)

신약의 정경화 과정은 몇몇 지도자의 주장이나 특정한 교회 회의의 단독 결정이 아니라, 기독교 공동체가 형성되는 수 세기 동안 이미 그 권위가 인정되어 오던 책들을 공적으로 확증한 것입니다. 이로써, 총 66권의 신구약 정경이 완성됩니다. 그리고 구약 39권, 신약 27권 정경은 기독교와 다른 종교를 구분하는 절대적인 기준이 되었습니다.

사해에서 발견된 사본

"이게 무슨 소리지?"

양을 찾던 목동은 의아해했습니다. 잃어버린 양을 찾으려고 동굴 안으로 돌을 던졌는데, 돌아온 것은 양의 울음소리가 아

교회 다니면서 교회사도 몰라?

니라 항아리가 깨지는 소리였기 때문입니다. 굴 안으로 들어간 목동은 항아리 속에서 오래된 두루마리를 발견했고, 그것은 나중에 알려진 바로는 구약 성경의 사본이었습니다.

첫 항아리가 발견된 1947년부터 1956년경까지, 사해 서쪽에 있는 쿰란 주변, 무려 11개의 동굴에서 수많은 사본이 발견됩니다. 이 문서들은 사해 문서Dead Sea Scrolls 혹은 쿰란 문서라고 불리는, 현존하는 최고(最古)의 구약 사본입니다.

이 문서를 기록하고 보존한 사람들은 에세네파 사람들이었습니다. 이들은 혼란한 세상을 등지고 유대 광야로 도피하여 성경을 양피지에 기록하면서 자신들의 신앙을 지켰고, 예루살렘 멸망 직전인 AD 68년에 그 성경 두루마리들을 쿰란에 있는 동굴들로 옮겨놓았던 것입니다. 혼란스러운 역사의 소용돌이 속에서도 그들은 성경을 보존하며 신앙을 지켜나갔고, 그 눈물겨운 노력 덕분에 수천 년간 성경은 온전히 보존되어 현재까지 전해져오고 있습니다.

성경을 가진 공동체

이로써 교회는 영감받은 하나님의 말씀인 성경을 기록된 문서로 소유하게 되었습니다. 66권 정경은 교회의 영원한 기준이 되어 지도자를 잃고 흔들리던 교회에 방향타가 되었고, 이단으로 혼란스럽던 교회를 지키는 규범이 되었습니다.

기준은 변치 않아야 합니다. 현악기를 튜닝할 때 소리굽쇠가 필요하듯 성경은 우리의 삶을 미세 조율하며, 언제나 진북을 가리키는 나침반과 같이 변치 않는 기준이 되어 우리 생각을 조절합니다. 이제 더 이상 교회는 무엇이 하나님의 말씀인지 고민하지 않아도 되었습니다. 66권의 성경을 변치 않는 진리라 고백하는 공동체를 우리는 교회라고 부릅니다.

만약 하나님께서 사람에게 말씀하셨다면, 그리고 지금도 계속 말씀하신다면 바로 이 책 안에서 그렇게 하신다.

_필립 샤프

함께 봐요

《폼페이 최후의 날》, 폴 앤더슨 감독, 키트 해링턴 · 에밀리 브라우닝 주연, 2014, 영화.
사상 최대의 화산 폭발로 사라진 도시 폼페이를 배경으로 로마 검투사 '마일로'(키트 해링턴)와 영주의 딸 '카시아'(에밀리 브라우닝)의 운명적인 사랑 이야기를 다루었다.

〈성경의 위대한 탄생〉, 성경꿀팁 이것이 궁금하다: 제4회, CBS JOY, 2020, 유튜브.
쓰인 시기와 장소가 모두 다른 성경은 어떻게 한 권이 되었을까?

Q&A

Q. 종교에서 경전은 왜 그렇게 중요한가요?

A. 신의 뜻을 알고 싶어 하는 마음은 모든 종교에서 나타나는 공통된 사상입니다. 고대 원시 종교에서는 신의 뜻을 알기 위해 하늘의 해와 달을 섬기거나 별자리를 연구했어요. 혹은 새가 하늘과 땅을 연결한다고 믿어 신성시하거나, 제물로 바친 동물의 내장을 갈라 그 모양으로 전쟁의 승패를 점치기도 했습니다.

조금 더 발전한 형태로는, 신과 인간 사이에 인간 중재자가 등장합니다. 신의 뜻을 인간에게 전해주고, 인간의 소원을 신에게 전달하는 영적인 존재를 샤먼shaman이라고 합니다.

샤먼은 시베리아 통구스어에서 기원한 단어로, 영적인 지식과 힘을 이용하여 영적인 세계에 접근하고 대화라는 능력을 가졌으며, 본능적인 치유 및 예언 능력을 가진 종교적인 능력자를 말합니다. 샤먼은 인간계와 영계, 생자(生者)와 사자(死者)의 매개자로, 수호령이나 수호신에게서 힘을 받아 예언, 질병 치료, 꿈 해석, 악령이나 적으로부터 집단을 지키는 역할을 했습니다.

이들은 빙의(憑依)를 통해 황홀경ecstasy에 빠지면서 신과 접촉한다고 믿었고, 이 샤먼을 중심으로 구성된 종교 형태를 샤머니즘shamanism이라고 부릅니다. 샤머니즘 종교에서 샤먼의 권위는 절대적이죠. 문제는 샤먼을 통해 전달되는 신의 계시는 매우 주관적이기 때문에 이를 객관화하고 교리로 체계화할 수 없다는 것입니다. 따라서 고등종교에서는 신의 계시를 문자로 기록한 경전이 중시됩니다. 샤머니즘 종교가 개인이나 부족의 종교로 머무는 반면, 경전을 가진 고등종교는 세계적인 종교로 발전할 수 있는 것도 같은 이유입니다.

신적 계시에 대한 신앙은 모든 종교에서 예외 없이 나타난다. 계시와 종교는 긴밀하게 연관되고 내적으로 결합되어 있다.

_헤르만 바빙크(1854~1921)

교회 다니면서 교회사도 몰라?

AD 155~430

5 교부, 교회의 아버지들

#한니발장군 #포에니전쟁 #황금의입 #로마의멸망 #참회록

| 2차 포에니 전쟁 | | | | | | 『신의 도성』 출간 |

터툴리안
155~230

오리겐
185~254

제롬
348~420

크리소스톰
349~407

어거스틴
354~430

열두 사도 그 이후

예수 그리스도를 따르던 열두 제자들의 존재감은 대단했어
요. 예수님이 직접 선택했고 예수님의 직접 가르침을 받았던
그들은 '사도'Apostles로 불리며 교회사에서 독보적인 위치를 차
지합니다. 하지만 시간이 흐르며 사도들은 차례로 순교하기 시
작합니다.

그렇게 사도들이 세상을 떠난 후 그들의 뒤를 이어 교회를
이끌었던 지도자들을 교부(Church Fathers, 敎父)라고 부릅니다.
이들은 열두 사도 이후 등장한 초기 기독교 지도자들입니다.

사도들이 목숨 걸고 교회를 세웠다면, 교부들은 목숨 걸고 교회를 지켰다고 할 수 있습니다. 사도들이 성경의 저자들이었다면, 교부들은 성경을 최초로 '해석'한 학자들이었다고 할 수 있겠죠.

이 시기의 교회는 아직 체계화된 사상이 형성되기 전이었습니다. 그리스에서 태동하여 지식인들의 주된 사상으로 자리 잡은 헬라 철학과, 동방에서 온 신비주의 종교들, 오랜 전통의 유대교 율법주의 등 여러 사상으로 교회는 혼란스러웠죠. 특히 플라톤 철학으로 기독교를 해석하려는 이들이 등장하면서 교부들은 이러한 사상들에 맞서야 했습니다.

2세기가 되면서, 사상적 공격과 박해로부터 신앙을 지키기 위한 '변증론'이 발달합니다. 이후 4세기에 기독교가 공인되면서 본격적으로 신학 논쟁들이 시작됩니다. 이 과정에서 때로 논쟁하고 때로 갈등하면서 기독교 교리와 신학들이 형성되어 가죠. 그 중심에 있던 성직자이자 학자들이 교부들입니다. 수많은 교부 가운데 주연급 인물 다섯 사람을 만나봅시다. 첫 번째 교부를 만나기 위해 아프리카로 떠나 보시죠.

용맹한 아프리카의 신학자, 터툴리안(155~230)

한니발 장군을 아시나요? 명장 한니발은 고대 아프리카의 맹주 카르타고의 사령관이었습니다. 전통의 강호 카르타고와 새로운 강자 로마가 지중해 지배권을 두고 치른 결전을 '포에니전쟁'이라고 부릅니다. 제2차 포에니전쟁(B.C 218) 당시, 한니발은 기상천외한 작전을 펼칩니다. 바다를 건너올 것이라는

제2차 포에니전쟁(B.C 218)

로마의 예상을 깨고 아프리카의 코끼리 부대를 이끌고 알프스를 넘은 것입니다. 난생처음 코끼리를 본 로마 병사들은 기가 질려 싸울 의지를 잃어버렸다고 하죠. 아프리카에서 출발한 군대가 겨울 추위를 뚫고, 험한 산맥을 넘어 로마 심장부를 위협했던 이 전투는 전쟁사에 길이 남을 명장면입니다.

그러나 로마는 로마였어요. 로마의 영웅 스키피오 아프리카누스의 등장으로 전세는 역전됩니다. 3차 포에니전쟁(B.C 146)에서 카르타고는 여인들의 머리카락을 잘라 활시위를 만들 정도로 결사 항전했지만 결국 참패하고 말죠. 이 전쟁의 승리로 비로소 로마는 세계의 지배자로 올라설 수 있었습니다. 전쟁 후 300년이 지난 서기 150년, 카르타고는 로마의 식민지가 되어 있었지만, 그 영향력 면에서는 여전히 로마와 견줄 만한 거대 도시였어요.

터툴리안은 그 카르타고에 주둔하던 한 로마 장교의 아들로 태어났습니다. 최고의 도시에서 태어난 장교의 아들답게 당시 그리스와 로마의 최고 학문을 배우며 자랍니다. 이 열정 넘치는 지식인은 기독교인이 된 이후 교회를 향하여 자신의 뜨거운 열정을 쏟아붓게 되죠. '삼위일체'라는 용어를 처음으로 사용하기도 한 터툴리안은 거칠고 터프했던 성격처럼 자기 생각을 가감 없이 적극적으로 표현했습니다. 플라톤에 심취해 있던 당시 지식인들과 철학의 전당이었던 아테네의 지성인들에게 쓴소리를 내뱉습니다. "그리스도가 플라톤과 무슨 상관이 있으며, 예루살렘과 아테네가 무슨 상관이 있습니까!" 그리고 이성적으로 이해할 수 없다는 이유로 기독교를 받아들이지 않는 이들을 향해 쏘아붙입니다. "나는 불합리하기 때문에 믿습니다!" 교회를 대적하는 사람들과 논쟁할 때면 그는 화산처럼 폭발했고 거침없는 풍자로 굴욕을 주었다고 합니다. 교부 터툴리안은 철학과 이단 사상들의 매서운 공격 속에서 교회와 신학을 지켜냈던 아프리카의 전사였습니다.

열정적인 성경 해석자, 오리겐(185-254)

오리겐은 기독교 역사에 빛나는 천재로 꼽힙니다. 그는 소년 시절에 성경 전체를 외웠으며 심오한 질문으로 어른들을 당황하게 했습니다. 아버지가 순교하고 재산을 몰수당한 어려운 환경에서 후원자의 도움으로 공부를 시작한 오리겐은 그 천재성을 나타내기 시작합니다. 알렉산드리아 교리문답 학교의 교장으로 임명되었을 때 그의 나이는 고작 18살이었습니다. 오리겐의 명성은 멀리 이집트와 아라비아까지 퍼져 나갔고 황실 귀족들이 강의를 듣기 위해 그를 초청하기도 했습니다. 그는 학문적으로 뛰어난 인물이었지만, 성경의 가르침을 따라 철저히 금욕적인 삶을 살았습니다. 재산은 겉옷 한 벌과 신발 한 켤레 뿐이었고, 맨바닥에서 잠을 잤습니다.

오리겐은 성경을 이해하기 위해 문자적인 의미뿐 아니라 더 깊이 숨겨져 있는 영적 의미를 찾는 풍유적인 해석이 필요하다고 주장했어요. 이러한 오리겐의 생각은 그리스 철학에 영향을 받은 것이었습니다. 그는 그리스 철학으로 성경을 해석하려 한다는 비판을 받기 시작했고, 성직에서 박탈되어 이단으로 정죄받기도 합니다. 오리겐은 교회를 사랑했고 헌신한 지도자였지만, 생각과 사상은 그리스 철학을 벗어나지 못했던 한계를 지녔던 독특한 인물이었습니다.

천재적인 성경 번역가, 제롬(348~420)

이탈리아 국경 부근에서 태어난 제롬은 로마에서 공부하는 동안 엄청난 양의 책을 읽으며 학문에 심취해 있었습니다. 제롬은 그리스 철학과 문학에 능숙한 뛰어난 지식인이었습니다. 특별히 그의 지식이 가장 아름답게 꽃 피운 분야는 성경 번역이었습니다. 그는 라틴어와 헬라어와 히브리어에 탁월했습니다. 헬라

성경을 번역하는 제롬

어가 통용되던 이 시기에 히브리어를 능숙하게 번역할 수 있는 사람은 드물었죠. 제롬은 탄탄한 히브리어 실력을 바탕으로 히브리어로 된 구약 성경을 라틴어로 번역하기 시작합니다.

405년, 그의 평생의 대역사가 완성됩니다. '라틴 벌게이트'라고 불리는 이 성경은 로마 가톨릭교회의 공식 성경(Vulgata, 불가타역본)이 됩니다. 제롬은 평생 성경을 연구했던 인물이었고, 그 어떤 철학과 고전 작품들보다 성경을 우선순위에 둘 만큼 성경을 사랑했던 교부였습니다.

황금의 입이라 불린 설교자, 크리소스톰(349~407)

이 사람의 본명은 요한입니다. 하지만 그의 탁월한 설교에 감동을 받은 후손들은 그를 "크리소스톰"(황금의 입)이라고 불렀습니다. 별명처럼 그는 교회가 배출한 가장 위대한 설교가 중 한 명으로 꼽힙니다. 347년, 장교였던 아버지와 신실한 기독교인이었던 어머니 사이에서 태어난 그는 성직에 일생을 바치기로 합니다. 고향 안디옥에서 뛰어난 웅변술과 인격으로 명성을 얻기 시작했고, 397년에는 세계 기독교계의 이인자인 콘스탄티노플 주교가 되죠.

그의 거침 없는 설교는 세속 권력자들에게는 눈엣가시와 같았습니다. 결국, 황실 귀족들과 시기하는 세력들의 모함으로 교회에서 추방당합니

황금의 입, 크리소스톰

교회 다니면서 교회사도 몰라?

다. 407년, 600편이 넘는 설교문을 남긴 위대한 설교자는 유배지에서 그렇게 고요히 주님 품에 안깁니다.

강단에서는 그의 카리스마가 넘쳤습니다. 뛰어난 설교자에게 박수 치고 발을 구르며 환호하는 것은 당시의 관습이었는데, 그의 설교에 감동한 청중의 박수 소리가 너무 커서 설교를 중단하는 경우가 흔했다고 해요. 크리소스톰은 오리겐의 풍유적인 해석에 반대했습니다. 성경의 문법적인 의미와 역사적인 의미를 충실하게 해석하는 것이 옳다고 믿었기 때문입니다. 크리소스톰은 고난 속에서도 성경의 참된 의미를 찾으려 했던 진지한 교부였으며, 그의 강력한 설교는 시대를 깨우는 금빛 나팔이었습니다.

교회의 위대한 스승, 어거스틴(354~430)

354년, 북아프리카 타가스테(오늘날의 알제리)에서 태어난 어거스틴은 교회 역사에서 가장 위대한 인물 중 하나로 추앙받는 전설적인 존재가 됩니다. 젊은 시절, 그는 페르시아의 종교 마니교에 매료되었습니다. 마니교는 빛과 어둠이라는 두 신을 믿었고 악한 행위는 어둠의 산물일 뿐이라고 가르치는 종교였습니다. 그리스 철학을 공부하던 그는 악이란 '선의 부재'로 이해했습니다. 그러나 마니교와 철학에서 원하는 답을 얻지 못하던 그는 밀라노의 감독이었던 암브로시우스의 설교를 듣고 진리를 향해 눈이 열리기 시작합니다.

그러던 어느 날, 밀라노의 한 정원에 있던 그는 "집어 들고 읽어라"라는 어린아이의 소리를 듣습니다. 그리고 즉시 성

어거스틴과 어머니 모니카

경을 펴서 로마서 13장 13~14절을 읽기 시작합니다. "오직 주 예수 그리스도로 옷 입고 정욕을 위하여 육신의 일을 도모하지 말라." 그가 고민하던 진리의 문제, 선과 악의 수수께끼가 해결되는 순간이었습니다. 어거스틴은 그 순간을 이렇게 기록합니다. "나는 더 읽고 싶지도, 읽을 필요도 없었다. 확신의 빛이 마음 속으로 가득 밀려왔고, 의심의 어두움이 모두 사라졌다."

교회 역사의 가장 위대한 인물이 회심한 순간이었습니다. 이후 그는 암브로시우스에게 세례를 받았고, 430년에 삶을 마감할 때까지 히포의 주교로 교회를 지키며 거짓 진리를 가르치는 이단들과 싸웠습니다.

교회 지도자가 된 어거스틴이 자신의 회심 과정과 신실했던 어머니 모니카의 죽음, 그가 경험한 하나님의 은혜에 관하여 기록한 책 『고백록』은 전 세계 기독교인들의 영원한 고전이 되었습니다.

어거스틴 시대는 로마가 이민족들의 침략에 시달리던 시절이었습니다. 서고트족이 로마를 약탈했을 때, 신성불가침의 도시로 여겨지던 로마의 함락은 로마인들에게 엄청난 충격을 줍니다. 로마인들은 이 고난을 기독교인들이 로마 신에게 제사를 드리지 않아 생긴 재앙이라고 생각했습니다. 어거스틴은 이에

교회 다니면서 교회사도 몰라?

대하여 『하나님의 도성』City of God이라는 책으로 반박합니다. 로마가 멸망해가는 역사의 소용돌이 속에서 세상 왕국은 영원하지 않으며, 하나님의 나라만이 영원하다는 진리를 깊이 있게 풀어냅니다.

인간 중심의 그리스 철학에서 벗어나 신을 중심으로 한 은총의 세계관을 구축했다는 점에서 어거스틴의 공헌은 매우 의미가 큽니다. 그의 사상은 향후 모든 기독교 교리와 서양 철학의 근간을 이루죠. 로마제국 말기에 등장하여 기독교 진리로 시대와 역사를 해석했던 어거스틴은 고대와 중세를 가르는 거대한 인물로 여전히 우뚝 서 있습니다.

사막의 교부들(Desert Father)

한편, 신앙을 지키기 위해 도시를 떠나 사막으로 향한 이들이 있었으니 바로 사막 교부들입니다. 3세기 경부터, 속세를 떠나 이집트의 사막에서 생활한 은둔자들이죠. 대표적인 인물은 사막 수도원의 창시자 대 안토니우스Anthony the Great입니다. 사막에 만들어진 수도사들의 공동체는 훗날 중세 수도원 운동의 모체가 됩니다. 극단적 금욕과 신비적 영성을 강조하는 이들은 헤시카즘Hesychasm을 포함한 동방 정교회 영성의 뿌리가 되었고, 독일의 경건주의나 감리교 부흥에도 영향을 미쳤습니다.

그들이 남긴 것

이 시대에 성경이 정경화되고, 공통의 신앙 고백을 담은 신경과 신조가 정리되면서 교회는 점점 조직화됩니다. 사도 시대의 영향력이 남아 있었기에 교회 권력이 감독(지도자)들에게 집중되는 시기이기도 하죠.

초기 교회의 역사는 성경을 사랑하고 연구하고 설교하기에 힘썼던 교부들의 역사였습니다. 그들의 삶은 혼란했던 국제 정세 속에서, 그리스 철학의 막강한 영향 속에서, 교회를 어지럽히는 이단들의 도전 속에서 교회를 지키기 위해 고군분투했던 치열한 삶이었습니다. 그들의 남긴 글과 설교와 교리들은 교회의 뼈대와 기초가 되었습니다. 교회는 그렇게 조금씩 제 모습을 갖추어가고 있었습니다.

함께 봐요

〈포에니전쟁〉, 토크멘터리 전쟁史: 23부. 국방TV, 2017, 유튜브.
군사 전문가들을 통해 로마와 카르타고가 격돌한 포에니전쟁에 대하여 알아보는 흥미로운 고대 전쟁 이야기

〈성어거스틴 '고백록'〉, 복음책방, 신앙을 읽다: 32~34편, CGN TV, 2021, 유튜브.
『천로역정』, 『그리스도를 본받아』와 함께 기독교 3대 고전으로 일컬어지는 어거스틴의 『고백록』을 함께 읽으며, 고전의 문턱을 넘어 신앙의 세계로 이끌어 주는 독서 여행

교회 다니면서 교회사도 몰라?

Q&A

Q. 교부들이 교회 역사에 끼친 공헌과 한계는 무엇인가요?

A. 교부들의 저술과 가르침들은 초기 기독교에서 매우 중요한 주제들을 다루었기에, 후대의 신학자들에게 사상적 토대가 되었습니다. 성공회, 동방 정교회, 루터교, 개신교, 로마 가톨릭 등 기독교 세계 전체는 교부들의 사상에 뿌리를 두고 있습니다. 동시에 신비 기도와 침묵, 명상을 강조했던 이 시기의 수도원주의는 중세 스콜라 철학의 뿌리를 형성하고 가톨릭 신앙의 근간을 이루었습니다. 초기 수도원 운동은 그 시대 도시들이 오염되어 신앙을 지킬 수 없다는 생각에서 시작되었습니다. 그래서 세속 도시를 떠나 사막으로 향한 것이죠. 하지만 그렇게 도시를 떠난 교회는 게토화되고 고립되어 갔습니다.

16세기 종교개혁의 중요한 공헌은 도시에 대한 패러다임을 바꾼 것입니다. 이제는 도피의 신앙이 아니라 회복의 신앙이 된 것입니다. 개혁자들에게 도시는 신앙을 지키는 요새와도 같았습니다. 크리스천은 도시 속에 존재하면서도 그 도시에 속하지 않는 이중의 정체성을 지닙니다. 세상에 살며 세상 요구대로 사는 사람이 아니라, 이 세상에 몸담고 있으면서도 하나님 말씀에 응답하는 사람인 것이죠. 이것이 종교개혁자들의 영성이며 기독교의 정신입니다.

성경의 정경화를 이루고, 신앙고백과 여러 신조를 통해 교리의 기초를 놓았다는 점에서 교부들의 공헌은 널리 인정받아야 합니다. 그러나 그 과정에서 다양한 철학과 사상들을 받아들이고 여러 종류의 영성을 향한 빗장을 열어놓음으로 중세의 암흑기로 가는 징검다리가 되었다는 점에서 그 한계도 확인할 수 있습니다. 교회가 체계를 갖추기 시작하고 교리가 태동하던 시대를 치열하게 살았던 그들은, 자신의 시대를 자신의 방식으로 살았던 '시대의 아들들'이었습니다.

참고자료

- 『니케아 시대와 이후의 기독교』(교회사전집 제3권), 필립 샤프, 2004, CH북스
- 『기독교 인물 사상 사전』, 토니 레인, 2016, 홍성사

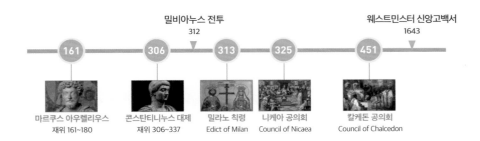

밀비아누스 전투
312

웨스트민스터 신앙고백서
1643

161 · **306** · **313** · **325** · **451**

마르쿠스 아우렐리우스
재위 161~180

콘스탄티누스 대제
재위 306~337

밀라노 칙령
Edict of Milan

니케아 공의회
Council of Nicaea

칼케돈 공의회
Council of Chalcedon

황제는 교회를 싫어해

네로, 도미티아누스, 세베루스, 발레리아누스 황제로 이어
지는 기독교 박해의 역사는 디오클레티아누스 황제에 이르러
절정에 달합니다. 디오클레티아누스는 로마 신들에게 제물을
바치지 않는 그리스도인을 공직에서 해고했고, 교회를 파괴하
라고 지시했습니다. 이 땅에 교회가 세워지고 첫 300년은 수천
그리스도인의 피로 얼룩진 순교와 박해의 역사였습니다. 그렇
게 시간이 흘러 4세기 초에 이르고, 아무도 예상치 못한 반전
이 일어납니다.

5현제 시대 그 이후

5현제Five good emperors란 로마 최전성기를 이끈 5명의 현명한 황제를 가리킵니다. 이때는 제국 안팎으로 최고의 발전을 이뤄낸 시기로 후대에 무결점의 전성기로 찬사를 받습니다. 그 5명의 황제는 12대 황제 네르바(재위 96~98), 13대 트라야누스(재위 98~117), 14대 하드리아누스(재위 117~138), 15대 안토니누스 피우스(재위 138~161), 16대 '철인황제'라 불렸던 마르쿠스 아우렐리우스(재위 161~180)입니다.

> 만약 누군가에게 역사상 인류가 가장 행복하고 번영했던 시기를 골라보라고 하면, 그는 망설임 없이 도미티아누스의 죽음부터 코모두스 등극 사이의 시기(5현제 시대)를 고를 것이다.
> _에드워드 기번

그렇게 뛰어난 황제들이 이끄는 제국 로마는 강한 군사력을 바탕으로 지중해를 둘러싼 3개 대륙, 유럽과 아시아와 아프리카를 지배하는 사상 최대의 영토를 이룹니다. 그러나 그 평화를 유지하기 위해 치러야 할 대가는 만만치 않았지요. 영토를 빼앗긴 야만족들과 동방의 제국들이 두 눈을 치켜뜨고 국경을 노리고 있었기 때문입니다. 5현제 이후의 황제들은 선대의 황제들이 확장해놓은 거대한 영토를 유지하는 것만으로도 버거웠습니다. 실제로 5현제 마지막 황제인 마르쿠스 아우렐리우스는 국경을 침범하는 야만족과의 전투를 지휘하기 위해, 최전방 전쟁터에서 대부분의 인생을 보내야 했습니다.

교회 다니면서 교회사도 몰라?

그리고 그의 아들 코모두스(17대 황제, 재위 161~192) 이후로 로마의 국방력은 쇠퇴하기 시작합니다. 코모두스는 국정을 원로원에 떠넘긴 채 검투와 사치를 일삼다 암살당하고 말죠. 그렇게 제국이 혼란스러워진 이후, 235년부터 284년까지 약 50년 사이에 26명의 황제가 추대되고 폐위되기를 반복했던 "군인 황제 시대"로 접어듭니다.

4명의 황제들

이 시기, 로마제국은 사실상 동과 서로 나뉘어 있었어요. 서쪽 이탈리아반도의 라틴 문화권과 동쪽의 헬라 문화권이 그것입니다. 서쪽에는 라틴어를 사용하는 로마인들이 있었고, 동쪽에는 헬라 제국을 정벌하여 확장된 영토가 있었기 때문입니다. 국경 방어에 대한 부담을 느낀 디오클레티아누스 황제(재위 284~305)는 이 두 지역을 나누기로 합니다. 자신은 동방을 담당하고, 서쪽은 막시미아누스에게 맡긴 것이죠. 두 황제는 각각 갈레리우스와 콘스탄티우스를 부황제로 두게 되면서 4명의 황제 시대(사두정치)가 시작됩니다. 305년, 두 정황제(正皇帝)가 은퇴하고 갈레리우스와 콘스탄티우스가 정황제에 오르게 되고, 정황제 콘스탄티우스가 병으로 세상을 떠나자 그 아들이 새로운 황제로 추대됩니다.

하녀의 아들, 황제가 되다

헬레나는 마구간지기 출신의 하녀였어요. 콘스탄티우스 황제가 로마 장교 시절에 만난 헬레나와의 사이에서 태어난 아들이 바로 콘스탄티누스 1세(재위 306~337)입니다. 콘스탄티누스는 아버지의 뒤를 이어 황제로 추대되었지만, 로마 최고 권력자가 되는 길은 멀고 험했습니다. 하녀의 아들 출신인 콘스탄티누스를 못마땅하게 여긴 막시미아누스가 자기 아들 막센티우스를 황제로 추대했기 때문입니다. 4명의 황제가 사이좋게 팀으로 다스리던 시대는 이것으로 끝납니다. 이제 콘스탄티누스와 막센티우스는 제국 황제의 보좌를 두고 맞서야 했습니다.

밀비아누스 다리 전투

그렇게 콘스탄티누스와 막센티우스는 서방 제국의 패권을 두고 결전을 벌이게 됩니다. 콘스탄티누스는 알프스산맥을 넘어 막센티우스를 공격했고 막센티우스는 이에 맞섭니다.

312년 10월, 마지막 전투가 된 곳은 로마 근교의 밀비아누

밀비아누스 다리 전투

교회 다니면서 교회사도 몰라?

스(밀비오) 다리였습니다. 막센티우스는 콘스탄티누스가 로마에 접근하는 것을 막아야 했어요. 막센티우스는 테베레강을 건너게 하는 밀비아누스 다리를 철통같이 봉쇄하고 콘스탄티누스를 기다립니다. 전투는 강의 북쪽에서 시작됩니다.

콘스탄티누스의 군대는 수적으로 열세였어요. 그러나 전세는 예상 밖으로 흘러갑니다. 콘스탄티누스가 막센티우스를 밀어붙이기 시작합니다. 기세에 밀려 도망치던 막센티우스와 수백 명의 병사들은 테베레강에 빠져 익사하고 말죠. 예상을 깬 콘스탄티누스의 승리였습니다. 콘스탄티누스는 위풍당당하게 로마로 입성합니다. 그런데 그에게 환호하던 로마 시민들은 콘스탄티누스 군대가 낯선 그림이 그려진 깃발을 들고 행진하는 모습을 보게 됩니다. 새 황제 콘스탄티누스는 과거 다른 황제들처럼 로마의 신전에서 제사를 지내지도 않았어요. 이상했습니다. 대체 그에게 무슨 일이 있었던 것일까요?

역사상 최초의 기독교인 황제

자, 전투 전날로 돌아가 보겠습니다. 전쟁을 앞둔 콘스탄티누스는 승리를 바라며 기도하기 시작합니다. 그는 기도하던 중 하늘에서 십자가를 보고 신비한 음성을 듣게 됩니다.

"이 표적으로 승리를 얻으리라."

콘스탄티누스의 꿈

다음날 콘스탄티누스의 병사들은 명령에 따라 영문도 모른 채 방패에 표적을 그려 넣습니다. 그 표적은 그리스도를 뜻하는 헬라어 단어의 첫 두 글자인 X(키)와 P(로)였어요. 콘스탄티누스는 자신의 깃발에도 십자가를 그려 넣었습니다. 로마군의 상징인 독수리가 새겨진 기장 대신 십자가가 들어간 깃발을 들고 전쟁에 임한 것이죠.

그리고 전쟁에 승리한 그는 자신에게 승리를 가져다준 그리스도를 받아들이기로 결심합니다. 그렇게 역사상 최초의 기독교인 황제가 탄생하는 순간이었습니다.

> 문명 세계의 군주가 면류관을 벗어서 십자가에 달렸던 나사렛 예수의 발 앞에 놓았다.
> _필립 샤프

황제의 회심이 가져온 영향력

당시 제국 로마는 온갖 종교와 신들의 전시장이었어요. 로마 시민들은 제우스와 아폴로와 아프로디테를 포함해 그리스-로마의 여러 신들을 섬겼죠. 로마 장군들은 전쟁에 나갈 때 새의 내장으로 점을 쳤습니다. 북유럽 야만족들이 행하던 우상 숭배 관습을 로마에서도 흔히 볼 수 있었고, 가축과 풍요의 신 루페르쿠스를 위한 방탕한 축제들과 잔인했던 검투사 경기들이 로마 곳곳에서 벌어지고 있었습니다. 그런 시대에, 기독교 황제의 탄생은 로마에 남아 있던 이 모든 이교도의 풍습에 마침표를 찍는 사건이었습니다.

교회 다니면서 교회사도 몰라?

밀라노 칙령

313년, 로마제국 서편을 관장하던 로마 황제 콘스탄티누스와 로마제국 동편을 관장하던 리키니우스 황제는 밀라노에서 만납니다. 리키니우스와 콘스탄티누스의 누이와의 결혼을 위해서였죠. 이 현장에서, 두 황제의 이름으로 문서 하나를 공표합니다. 역사의 거대한 물줄기를 바꾸어놓은 그 문서가 바로 〈밀라노 칙령〉Edict of Milan입니다. 로마 제국은 종교에 대해 중립적 입장을 취한다는 내용의 포고문이었어요. 이로써 사실상 신앙의 자유가 선포되었고, 기독교는 탄압받는 입장에서 로마 황제의 비호를 받는 입장으로 크게 격상되었습니다.

사실, 기독교는 311년 리키니우스 칙령으로 이미 합법화되어 있었어요. 이 밀라노 칙령은 소극적 의미의 기독교 보호에서 적극적 의미의 기독교 장려를 의미하게 됩니다. 밀라노 칙령은 역사적으로 엄청난 파장을 일으켰습니다. 기독교에 대한 상상을 초월하는 특혜가 시작됩니다.

제국의 종교가 바뀌다

엄청난 규모의 성당 건축이 시작되었고, 제국이 빼앗았던 교회의 재산을 되돌려 주기 시작합니다. 그리스도인들은 로마 고위직에 등용되었습니다. 로마 군단이 정복 전쟁 때 앞장세웠던 독수리 깃발이 사라지고 십자가로 대체됩니다. 기독교인을 괴롭히던 로마 법령은 폐지되었고, 그리스도인 노예는 해방되었습니다. 일요일은 국정 공휴일이 되었고, 동전에 새겨져 있던 로마 신들의 초상은 사라지고 그 자리에 십자가가 각인됩니다.

뉴 시티, 콘스탄티노플

새로운 시대에 어울리는 새로운 수도, 새로운 로마가 필요했어요. 콘스탄티누스는 제국의 수도를 옮기기로 결심하죠. 아시아와 유럽이 만나는 비잔티움은 군사적 요충지에, 상업과 교역이 발달한 매력적인 도시였습니다. 황제의 지시에 따라 막대한 규모의 도시 리모델링이 시작됩니다.

330년, 세계 최초의 기독교 도시가 세상에 모습을 드러냅니다. 도시의 이름은 황제의 이름을 따서 콘스탄티노플('콘스탄티누스의 도시'라는 뜻)로 정해졌습니다. 이후, 콘스탄티노플은 동로마의 수도가 되었고, 동방교회 중심도시의 역할을 감당합니다.

황제, 교회 회의를 주관하다

기독교인 황제의 보호 아래 교회는 자유를 얻었지만 내부적으로는 자연스럽게 갈등이 시작되었습니다.

4세기 기독교인들에게 어려운 숙제는 '예수님의 존재'를 설명하는 것이었어요. '과연 예수 그리스도는 언제부터 존재했을까?' 이 질문에 대한 한 가지 답변은 예수님도 하나님이 창조한 존재라는 설명이었습니다. 이런 주장이 퍼지기 시작하자 이에 반대하는 목소리도 높아졌습니다. 두 주장은 서로 물러서지 않았어요. 교리 때문에 교회가 분열될 위기였습니다. 황제 콘스탄티누스는 제국의 안정을 위해 무엇인가를 해야만 했어요. 황제는 제국의 교회 지도자들인 감독과 주교들을 한 자리로 불러 모읍니다. 회의 장소는 황제의 별궁이 있던 니케아(오

교회 다니면서 교회사도 몰라?

늘날 튀르키예의 이즈니크)였습니다. 325년 7월 4일, 제국에서 흩어져 있던 수백 명의 교회 지도자들이 니케아에 모입니다. 역사상 최초의 세계적 규모의 종교회의인 니케아 공의회Council of Nicaea는 이렇게 시작됩니다.

니케아 공의회(325)

콘스탄티누스 황제의 환영 연설로 회의가 열렸고, 이어 뜨거운 교리 논쟁이 본격적으로 시작됩니다. 아리우스와 그를 따르는 사람들은 '예수 그리스도가 창조되었다'라고 주장했습니다. 그리스도는 하나님의 피조물이요 진정한 신이 아니라는 뜻이었어요. 이를 반대하는 목소리에 회의장은 소란해졌어요. 아리우스의 주장에 반대했던 대표자는 아타나시우스였습니다. 작은 키에 검은 피부를 가졌던 그는 '사막의 검은 난장이'라는 별명으로 불렸죠. 아타나시우스는 예수 그리스도는 피조물이 아니며, "아버지와 아들과 성령은 본질을 공유한 세 위격이다"라고 주장합니다.

결국, 니케아 회의는 아타나시우스의 주장을 받아들였고 아리우스를 이단으로 정죄했습니다. 아리우스의 책들은 불살라지고 추종자들은 추방됩니다. 콘스탄티누스 황제는 회의에 참석한 주교들을 따뜻하게 대접했고 고별사로 그들을 환송했습니다. 황제의 주도하에 중요한 기독교 교리를 지켜냈던 니케아 공의회는 그렇게 막을 내립니다.

반전의 역사

337년 5월 22일, 65세가 된 콘스탄티누스는 세례를 받고 숨을 거둡니다. 로마의 종교를 바꾸고 세계 역사의 흐름을 바꾼 최초의 기독교인 황제의 불꽃 같은 삶이었어요. 콘스탄티누스 이후에 기독교는 변방의 이름 없는 종교에서 세계적인 대제국의 종교로 전환됩니다. 이제 로마 역사는 그대로 기독교의 역사가 되고, 기독교의 역사는 곧 세계의 역사가 됩니다. 기독교 제국이 된 로마는 이제 어디로 가게 될까요? 역사는 그렇게 반전을 거듭하며 흘러가고 있었습니다.

함께 봐요

《글래디에이터》, 리들리 스콧 감독, 러셀 크로우 · 호아킨 피닉스
주연, 2000, 영화
서기 180년 로마의 철인 황제 마르쿠스 아우렐리우스의 왕위 계승 시점을
배경으로, 로마 왕실의 갈등과 혼란, 제국 변방에서 일어나는 야만족과의
전투를 그린 영화

〈초대교회의 신앙논쟁들〉, 알기 쉬운 교회 역사: 4회, CGN TV,
2014, 유튜브
4세기부터 7세기까지 초대교회가 핍박기를 지나 교리와 신학의 조성기를
지나는 시대, 초대교회 안에서 뜨거운 논쟁이 되었던 신학적 주제들을 해
설한 교회 역사 다큐멘터리

교회 다니면서 교회사도 몰라?

Q. 삼위일체 교리는 왜 그렇게 뜨거운 논쟁이 되었나요?

A. 삼위일체 교리는 최초의 교회 회의인 니케아 공의회에서 핵심 이슈로 다루어질 만큼 민감하고 중요한 주제였습니다. 핵심은 그리스도의 본성에 대한 문제였어요. "그리스도가 하나님이라면 어떻게 동시에 인간일 수 있는가?" 이 문제는 결코 간단한 문제가 아니었어요. 아리우스는 "성부와 성자는 본질이 다르다. 성자는 성부로부터 창조되었다"라고 주장했고, 아타나시우스는 "성부와 성자는 동일한 본질을 공유했다"라는 주장으로 맞섰죠. 결국, 아타나시우스의 주장이 받아들여지고 아리우스파가 이단으로 정죄되면서, 니케아 신경으로 내용이 정리됩니다.

〈니케아 신경〉

우리는 한 분이신 하나님을 믿는다. 그분은 전능하신 아버지이시며, 유형무형한 만물의 창조주이시다. 그리고 우리는 한 분이신 주 예수 그리스도를 믿는다. 그분은 하나님의 외아들이시며, 아버지에게서 나셨으며, 곧 아버지의 본질에서 나셨다. 하나님에게서 나신 하나님이시며, 아버지와 본질에서 같으시다.

이 신조는 오늘날 사도신경의 기초가 되었습니다. 하지만 콘스탄티누스 황제의 죽음 이후에 아리우스파는 다시 성부와 성자의 본질이 다르다고 주장하기 시작했습니다. 테오도시우스 황제(재위 379~395)는 이 문제를 다시 다뤄야 했습니다. 381년, 테오도시우스가 주관한 콘스탄티노플 회의가 개최되었고 이를 통해 다시 한번 니케아 신조를 재확인합니다.

이렇게 니케아와 콘스탄티노플에서 진행된 두 번의 회의를 통해 그리스도의 신성에 대한 교리가 확립되지만, 그리스도의 본성에 대한 의문은 완전히 사라진 것이 아니었어요. 이후, 네스토리우스가 나타나 그리스도의 본성은 신성과 인성으로 나뉘며 인성이 신성보다 강하다고 주장(이성론)했고, 에우티케스는 그리스도의 본성은 하나이며 인성은 신성에 흡수되었다고 주장(단성론)하죠. 이에 대해, 키릴루스는 그리스도는 인성과 신성의 두 본성을 가진다고 주장(양성론)합니다.

이 문제를 해결하기 위해, 동로마 황제 마르키아누스(재위 392~457)는 칼케돈 공회(451년)를 개최합니다. 이 회의에서 네스토리우스파와 단성론 이단을 정죄하고, 그리스도의 두 본성을 인정합니다. 칼케톤 공의회가 확정한 삼위일체 교리는 기독교회의 가장 핵심적인 신앙고백으로 받아들여집니다. 이로써 126년이나 계속된 삼위일체 논쟁에 마침표를 찍게 됩니다.

〈칼케돈 신조〉
우리 주님께서는 참 하나님이시요, 이성적인 영혼과 육체를 지니신 참 사람이시다. 그는 신성에 있어서도 완전하고 인성에 있어서도 똑같이 완전하시다. … 그는 서로 혼합될 수 없고 변화시킬 수 없으며, 나눌 수도 없고 분리할 수도 없는 두 본성을 갖고 계신다.

이 교리는 17세기에 이르러 〈웨스트민스터 신앙 고백서〉를 통해 정

교회 다니면서 교회사도 몰라?

리되어 오늘에 이릅니다.

웨스트민스터 신앙고백 제2장 3항

하나님의 단일한 신성 안에 영원하시고 본질과 능력이 동일하신 삼위
하나님, 곧 성부와 성자와 성령이 존재하신다.

참고자료

- 『니케아 시대와 이후의 기독교』(교회사전집 제3권), 필립 샤프, 2004, CH북스
- 『거침없이 빠져드는 기독교 역사』, 유재덕, 2018, 브니엘출판사
- 『성경과 함께 읽는, 역사 기독교 명장면 100』 리처드 코니시, 2010, 도마의길

7 AD 379~476
제국의 몰락

#로마의굴욕 #공포의훈족 #반달리즘을아시나요 #협상의기술 #고대끝중세시작

게르만족 대이동
375-568

『신의 도성』 출간
426

379
410
452
455
476

테오도시우스 황제
재위 378~395

고트족 로마 침공

훈족 로마 침공

반달족 로마 침공

서로마 제국 멸망

교회 그리고 로마

역사를 살피다 보면 교회 역사는 로마 역사와 그 궤를 같이 하고 있다는 것을 알게 됩니다. 교회와 로마는 때로는 원수로, 때로는 친구로 한배를 탄 운명 공동체처럼 보입니다. 4세기 이후, 기독교는 공식적으로 로마의 종교가 되지만 제국의 운명은 예상치 못한 방향으로 흘러갑니다.

교회 전성시대

4세기에 이르러 유럽의 공기가 달라집니다. 교회의 전성기

교회 다니면서 교회사도 몰라?

가 시작된 것이죠. 콘스탄티누스 황제가 교회를 묶고 있던 올무를 끊었다면, 테오도시우스 황제는 교회에 날개를 달아줍니다. 392년, 신실한 기독교인 테오도시우스 황제는 기독교를 로마제국의 국교로 채택합니다. 이로써 로마제국은 명실상부한 기독교 국가가 된 것이죠. 이제 더 이상 기독교인들은 지하 묘지에

테오도시우스 황제(347~395)

숨어서 예배를 드릴 필요가 없어졌어요. 교회는 음지에서 양지로 나오게 됩니다. 교회의 모든 활동이 공식화되면서 교회의 재산이 늘어나고, 교회 건물이 곳곳에 세워지기 시작해요. 이교도들이 제사를 지내던 로마 신전은 우상숭배라는 이름으로 폐쇄되고, 황제는 일요일을 공휴일로 선포함으로써 기독교 예배를 드릴 토대가 만들어집니다.

불과 얼마 전까지만 해도 종교 때문에 사자의 이빨에 목숨을 잃어야 했던 기독교인들은 이제 종교 덕분에 사회적인 안정과 높은 신분을 누리게 되었고, 부를 축적합니다. 자연스럽게 성직자들은 막강한 권력과 막대한 부를 거머쥐게 됩니다. 로마 교회의 주교들은 화려한 옷차림으로 황실 수준의 파티를 즐겼다고 해요. 로마 귀족 가문 출신들이 교회의 주교가 되면서 황제조차 교회 지도자들의 눈치를 보기 시작합니다. 더 이상 낮은 자들을 섬기고 죄인들과 함께하는 교회가 아니었어요. 권력의 달콤함에 빠진 교회는 예수님이 가르치신 교회의 모습에서

점점 멀어지고 있었어요. 그때 제국의 북방에서는 예상치 못한 일이 일어나고 있었습니다.

게르만족, 대이동을 시작하다

훈족은 중국과 국경을 마주하던 유목 민족입니다. 중국인들이 농경지를 찾아 서쪽으로 이동하기 시작하자 훈족은 밀려날 수밖에 없었죠. 372년, 훈족은 새로운 터전을 찾아 볼가강을 건너 알란족을 공격했고, 여세를 몰아 고트족을 공격합니다. 훈족에게 밀려난 고트족 역시 오랜 삶의 터전을 떠나야만 했습니다. 마치 한 블럭이 넘어지면 다음 블럭이 차례로 넘어지는 도미노와 같았죠. 게르만 민족의 대이동과 함께 유럽 대륙의 지각변동이 시작됩니다. 게르만족은 좋은 날씨와 비옥한 땅을 찾아 이탈리아, 프랑스, 에스파니아로 진출합니다. 그렇게 이동하던 게르만족은 유럽 전역을 장악하고 있던 대제국의 국경에 도달합니다. 네, 바로 로마였습니다. 제국 로마와 게르만족은 그렇게 운명적으로 만납니다.

이방족, 제국을 탐하다

이제 황금기를 지나 방위력이 약해져 있던 로마는 당황할 수밖에 없었어요. 로마 중앙 정부는 부정부패와 내전으로 혼란했고, 설상가상으로 지방 관리들의 무능과 부패로 이방민족을 저지하기에는 역부족이었습니다. 반면, 게르만족은 자신감에 넘쳐 있었어요. 갑작스럽게 이방인들의 대규모 공격을 받은 로마는 라인강 전선에서 후퇴합니다. 게르만 일파들인 반달족,

교회 다니면서 교회사도 몰라?

부르군트족, 알레만족은 로마 국경인 라인강을 건넙니다. 서고
트족은 마케도니아와 그리스 일대를 휩쓸었어요. 게르만족의
공격 가운데 가장 충격적인 사건은 410년에 일어납니다. 서고
트족의 왕 알라리크가 이끄는 군대가 로마를 포위한 것입니다.

야만족의 왕, 황제를 만나다

알라리크는 로마를 포위
하고 모든 물자 공급을 차
단합니다. 다급해진 로마
원로원 의원들은 협상에
나섭니다. 알라리크는 막
대한 금액을 요구합니다.
의원들이 묻습니다. "그러

서고트족 왕 알라리크(370~410)

면 우리에게 무엇을 남겨주실 것입니까?" 알라리크는 대답해
요. "목숨은 남겨주지!" 이후 호노리우스 황제를 만나 이루어
진 협상도 모두 결렬되고 말아요.

410년 8월 24일, 알라리크가 이끄는 군대는 로마를 공격했
고 사흘간 로마를 약탈합니다. 800년간 외적의 침략을 경험하
지 못했던 로마로서는 수치스러운 사건이 아닐 수 없었어요.
얼마 후 아프리카로 내려가던 알라리크가 폭우를 만나 갑작스
러운 죽음을 당하면서 로마는 겨우 위기를 모면합니다.

그러나 필적할 상대가 없던 최강 제국 로마가 북방 야만족
의 침략으로 유린당했다는 사실은 로마인들에게는 상상할 수
없는 충격이었고, 이를 지켜본 세계인도 마찬가지였습니다. 이

제 로마는 더 이상 과거의 로마가 아니었어요. 북방 민족들은 마치 상처 입은 늙은 사자 주위를 어슬렁거리는 이리 떼처럼 로마 국경 주변으로 서서히 몰려들기 시작합니다.

반달족과 훈족, 제국을 유린하다

로마 침공의 선봉에 선 야만족은 반달족과 훈족이었습니다. '예술과 문화 훼손'을 뜻하는 '반달리즘'Vandalism이라는 용어도 반달족이 로마를 약탈하고 파괴한 것에서 유래했습니다. 거침 없는 침략자 반달족은 거센 침공을 계속하며 북아프리카 대부분을 점령하고 그들의 왕국을 세웁니다.

훈족 아이들은 걷기보다 말 타는 법을 먼저 배운다는 전설이 있을 만큼 놀랍도록 빠른 기동력을 자랑했고, 강력한 활을 무기로 사용했어요. 그 훈족이 로마 심장부를 위협합니다. 아프리카에서 온 반달족 지도자 가이세릭은 14일간 로마를 약탈합니다. 로마인들이 야만인이라고 무시하던 북방 게르만족은 이제 로마의 군사력을 압도합니다. 로마는 공포의 도가니로 변합니다. 계속되는 야만족들의 침입으로 서로마는 휘청거립니다.

아틸라를 막아선 레오 1세

아틸라는 훈족 가운데 가장 강력한 왕으로 이름을 남긴 인물입니다. 아틸라는 독일에서부터 남러시아와 발칸반도까지 제국의 영토를 확장했죠. 아틸라가 이끄는 바람처럼 빠른 훈족의 기마군단은 그야말로 공포의 대상이었어요.

교회 다니면서 교회사도 몰라?

훈족 왕 아틸라(434~453)　　　　　레오 1세(400~461)

전 유럽을 공포에 몰아넣은 아틸라는 '신의 채찍'이라 불렸
습니다. 447년, 아틸라는 동로마제국 심장부를 침공했고, 449
년 로마는 조약을 맺고 영토를 내주게 됩니다. 이에 만족하지
않고 말을 달린 아틸라는 452년, 서로마제국의 본토인 이탈리
아반도에 도달합니다. 천 년 제국의 수도가 불바다가 될 위기
였어요. 아틸라를 막아선 것은 로마 황제도 군대도 아닌 로마
교회의 주교 레오 1세였어요. 아틸라를 만난 레오는 그를 설
득했고 레오의 설득을 통해 훈족은 말을 돌려 자신들의 본거
지로 돌아갑니다.

하지만 이것이 끝이 아니었어요.

제국의 멸망

455년, 이번에는 반달족이 로마를 침입합니다. 레오는 다시
한번 협상을 시도했습니다. 그러나 이번에는 살인과 강간을 막
는 것으로 만족해야 했어요. 반달족은 로마를 약탈하고 파괴합

니다. 그렇게 로마는 북방 야만족들의 침략에 무너져 내립니다. 로마 황제는 더 이상 아무런 힘도 없었으며 로마의 운명은 이미 게르만족 장군들의 손 아래에 있었어요.

476년, 고트족 족장 오도아케르는 즉위한 지 10개월 된 로마 황제 로물루스 아우구스툴루스를 폐위시킵니다. 그것이 서로마의 종말이었습니다. 지상에서 가장 위대했던 제국은 이렇게 역사에 마침표를 찍었습니다. 영원한 도시라 불렸던 로마의 몰락이었어요. 교부 히에로니무스는 이런 말을 남겼습니다. "로마여, 전 세계를 정복해서 건설한 로마가 이렇게 멸망하고, 모든 나라의 어머니가 그들의 무덤이 되리라고 누가 믿었겠는가?"

제국은 약화되었지만 교회는 더 힘을 얻다

서로마가 멸망하면서 세상 권력은 신뢰를 잃게 됩니다. 그럴수록 교회는 영적인 권력의 중심으로 자리잡아 갑니다. 힘의 이동이 시작된 것입니다. 혼란한 시대를 사는 사람들에게 유일한 소망은 교회였어요. 제국 곳곳에는 수도원이 등장하여 정치에 영향을 받지 않는 새로운 삶의 중심지 역할을 합니다.

로마제국은 약화되었지만 로마 교회는 오히려 더 힘을 얻게 되었으니 참으로 아이러니한 일이었습니다. 서방의 로마제국은 멸망했지만 콘스탄티누스 황제가 건설했던 동방의 로마 콘스탄티노플은 동로마의 수도로서 여전히 건재했습니다. 격동의 역사를 지나며 교회는 더욱 위풍당당한 모습으로 서게 됩니다.

그렇게 고대 제국의 시대는 종말을 고하고, 새로운 시대가 시작되었습니다. 역사는 기독교가 중심이 된 이 새로운 시대를 '중세'라고 부릅니다. 교회는 BC와 AD가 나뉘어지던 무렵에 시작되었고, 고대가 저물고 중세가 시작되던 때에 교회는 역사의 중심이 되어 있었습니다. 이제 교회의 책임과 사명은 어느 때보다 막중해졌습니다.

하나님의 도성

어거스틴의 『하나님의 도성』은 2,000년 교회 역사상, 토마스 아퀴나스의 『신학대전』과 칼빈의 『기독교강요』와 더불어 가장 위대한 3대 저서 가운데 하나로 꼽힙니다. 이 책은 410년 로마가 고트족에게 약탈을 당하던 역사적인 상황을 배경으로 합니다. 로마 함락이라는 고통스러운 현실에 마주한 사람들은 생각합니다. "이것이 새 종교인 기독교가 가져다준 것인가?" 그들은 로마 함락의 책임을 그리스도인에게 돌리고 몰아세웁니다. 이에 답변하기 위해 히포의 감독이었던 어거스틴은 펜을 들어야 했습니다.

어거스틴은 하나님의 도성Civitas Dei과 지상의 도성Civitas Terrena을 구별하여, 지상의 나라인 로마는 망할 수 있지만, 하나님의 도성은 영원하다고 말합니다. 인간의 역사가 타락할 때 심판을 통한 구속 역사로 종말을 향해 나아간다는 것을 역설합니다.

고대 기독교, 즉 초대교회는 악한 시대와 세상 속에서 새 공동체와 하나님 나라를 건설하기 위한 변화의 에너지로 넘치는 공동체였습니다. 4세기 이후, 교회는 하나님의 보좌를 대신하고 그리스도의 권세를 상징하기 위해 지상의 왕국이 되었지만, 이로 인해 오히려 그 생명력을 잃어버리고, 종교 권력과 제도로 축소되고 말았습니다. 교회가 생명력을 상실한다면, 하나님의 심판이 따른다는 것을 경고하고 있습니다. 로마의 위기는 곧 로마 교회가 그 책임을 감당하지 못했다는 뜻으로 풀이됩니다.

어거스틴은 고대와 중세를 연결하는 다리와 같은 인물입니다. 고대 기독교의 생명력이 중세 기독교회에서 사라진 것을 지적한 선지자적 인물이었습니다. 그가 우려한 대로, 중세의 교회는 긴 어둠의 터널로 들어가게 됩니다.

함께 봐요

〈게르만족의 대이동, 왜 일어났는가? 서로마제국의 멸망과 어떤 관계가 있는가?〉, 박용규 TV: 중세교회사 4편, 2022, 유튜브
1991년 총신대학교 신학대학원 교회사 교수로 부임한 후 30년 동안 교회사를 강의해온 박용규 교수의 교회사 특강

〈'영원한 제국' 로마는 왜 멸망했을까?〉, EBS 클래스e: 제16강, EBSCulture, 2023, 유튜브
지중해 세계의 중심이자 '영원한 도시' 로마, 그러나 게르만족이 서로마 땅에 정착하며 476년 제국은 멸망한다. 로마는 왜 멸망했을까? 그리고 왜 여전히 '영원한 로마'일까?

교회 다니면서 교회사도 몰라?

Q&A

Q. 고대에서 중세로 넘어가는 시기에 교회는 어떤 역할을 했나요?

A. 서로마의 멸망이 가져온 충격과 파장은 대단했습니다. 세계 역사가 고대에서 중세로 넘어가게 되는 분기점이 되었으니까요. 이때, 로마와 교회가 한배를 타고 있었기에, 로마제국과 기독교와의 관계를 간과할수는 없습니다.

에드워드 기번은 『로마제국 쇠망사』에서 이렇게 말합니다. "아테네와 스파르타는 외래의 피를 섞지 않고 시민의 순수한 혈통을 유지하려는 편협한 정책 때문에 더는 번영하지 못했다. 그러나 로마는 공허한 자존심 대신 야망을 택했다. 로마는 노예나 이방인, 적이나 야만족 모두의 장점과 미덕을 취해 자기 것으로 만드는 것이 더 사려 깊고 영예로운 일이라고 생각했다."

개방성 때문에 로마가 거대 제국이 될 수 있었고, 동시에 개방성 때문에 멸망해갔다고 본 것이죠. 정치적으로 사상적으로 열려 있는 개방성을 바탕으로 제국을 이루었지만, 그 규모를 유지하기 위한 관계 속에서 멸망한 것이라는 설명입니다. 실제로 제국 변방으로 갈수록 로마의 정신에서 멀어졌고, 오히려 국경을 마주하는 이민족에게 동화될 수밖에 없었습니다. 이민족과 융화된 로마의 군단들은 오히려 로마를 위협하는 존재가 되어 버리죠. 이런 군사적인 위기에 종교적인 이유가 추가됩니다.

4세기에 기독교를 국교로 삼은 로마가 그 힘을 점차 상실하면서, 야만인이라 무시했던 이방족들에게 약탈을 당한 현실은 로마와 교회 모두에게 악재였습니다. 로마가 하나님의 나라라면 어떻게 이런 일이 일어날 수 있는가? 콘스탄티누스 황제는 스코틀랜드로부터 소아시아에 걸쳐 광대한 영토를 거느린 로마제국을 하나로 뭉치는 데 기독교가 역할을 하리라 생각했을 것입니다. 실제로 기독교가 로마의 국교가 되자 교회는 조직력을 발휘하여 교구별로 다양한 제국의 인종을 하나로 통일시킵니다.

하지만 그것이 로마제국의 번영에 도움을 준 것은 아니었습니다. 기독교가 사실상 로마를 지배하게 되면서 교회는 언어를 장악했고 오직 사제들만 글을 읽고 쓸 수 있게 합니다. 이제 백성들은 오직 교회의 결정에 따르는 종교적 포로 신세로 전락합니다. 종교 권력에 의한 암흑시대의 전조가 나타나기 시작한 것입니다. 그렇게 중세가 시작됩니다.

참고자료

- 『기독교 역사』, 알리스터 맥그래스, 포이에마, 2016.
- 『세 종교 이야기』, 홍익희, 행성B, 2014.
- 『거침없이 빠져드는 기독교 역사』, 유재덕, 브니엘, 2018.
- 『로마제국 쇠망사 1~6』 에드워드 기번, 민음사, 2010.

8 AD 570~697
초승달과 별

#낙타의길 #아라비아상인 #신상종교 #이스마엘or이삭 #stop terrorism

서로마 제국 멸망
476

9·11 테러
2001

570 무함마드 출생
610 이슬람교 창시
622 메디나 천도
632 예루살렘 점령
697 카르타고 함락

누구냐? 넌!

세계에서 가장 빨리 성장하는 종교는 무엇일까요? 미국의
여론 연구 기관인 퓨리서치센터 Pew Research Center에 따르면,
이슬람교가 전 세계에서 가장 빠르게 확산되고 있는 종교입니
다. 이슬람교도가 다수인 국가나 지역뿐만 아니라 유럽에서도
성장하고 있습니다. 이러한 추세가 계속된다면 2050년이 되면
이슬람교도가 유럽 전체 인구의 10퍼센트를 차지하고, 21세기
말에는 이슬람교가 세계 최대의 종교가 될 것으로 예상합니다
(www.thegospelcoalition.org).

우리는 지금까지 로마제국 변방에서 시작된 기독교가 어떻게 제국의 종교로 발전하였고, 세계의 문화와 역사에 깊숙이 영향을 미치게 되었는지 살펴보았습니다. 그렇게 7세기를 맞이한 교회는 뜻밖의 장소에서 생경한 종교와 만납니다. 그리고 이때 교회 역사의 물줄기는 마치 거대한 바위에 부딪힌 것처럼 크게 요동합니다. 그들은 누구일까요?

서로마제국이 멸망한 지 100여 년이 지났을 무렵이었습니다. 시간의 흐름 속에 세상도 변해가는 중이었습니다. 서로마를 무너뜨린 게르만족이 유럽 서쪽을 차지하고 있었고, 반대편 제국 동쪽에서는 아라비아 상인들이 세운 나라들이 꿈틀거리고 있었습니다. 그 뜨거운 모래사막의 한 도시에서 낯선 종교가 시작되고 있었어요.

아랍 민족이 처한 상황

끝없는 모래 언덕, 타오를 듯한 열기. 가도 가도 끝없는 사막의 땅을 누비는 사람들이 있습니다. 낙타 등에 비단과 보석을 싣고 도시에서 도시로 이동하며 오아시스를 중심으로 장사했던 이 사막 상인들을 카라반(대상)이라고 부릅니다. 사막의 혹독한 기후로 그들은 한 곳에서 장기간 정착하는 것이 어렵습니다. 이곳저곳으로 이주하며 생존의 길을 찾아 나가야 했던 환경은 아랍인들에게 궁핍함을 더하고, 이에 따른 공격적인 성향을 불러일으켰습니다. 종교적으로도 그들은 온갖 우상과 미신에 빠져 있었던 상황이었습니다. 6세기 말, 아랍 민족의 종교를 바꾸고 미래를 바꿀 한 아이가 태어납니다.

무함마드, 신의 계시를 듣다

570년, 사우디아라비아의 도시 메카에 거주하던 부유한 상인 가문 쿠라이시 가에서 태어난 이 아이의 이름은 무함마드(Muhammad, 영어로는 '마호메트'(Mahomet))입니다. 무함마드의 고향 메카는 아라비아반도 중부에 있었기에 인도양에서 지중해에 이르는 무역의 중심지로 수많은 대상 무역상이 활발히 오가는 도시였어요.

열두 살이 된 무함마드는 가족들과 사막을 횡단하던 중 기독교와 유대교를 접합니다. 무함마드는 유일신 종교인 유대교에 매료되었어요. 특별히 구약 성경의 아브라함과 이스마엘에 큰 감동을 받았습니다. "우리 아랍 민족은 언제까지 이런 미신이나 우상 숭배 수준에 머물러 있을 것인가!"

무함마드는 15살 연상의 부유한 미망인 카디자와 결혼하여 메카 최고의 부자가 됩니다. 그는 동굴에서 사색과 명상을 즐겼다고 해요. 그가 40세가 되던 어느 날, 천사 가브리엘의 계시가 들려왔다고 합니다. "너는 알라의 사자다!" 그로부터 12년 동안, 무함마드는 신의 메시지를 듣게 됩니다. 문맹이었던 무함마드는 메시지를 외우고 있다가 그의 제자들에게 들려주었고 제자들은 그 말을 기록하여 책으로 엮었습니다. 이 책이 바로 이슬람의 경전인 〈꾸란〉입니다.

그렇게 해서 서기 610년, 아랍어로 'The God'을 뜻하는 '알라'를 섬기는 새로운 종교가 탄생합니다. 그렇게 아라비아 상인 무함마드에 의해 창시된 이 종교는 이슬람교Islam입니다. 무함마드가 히라 동굴에서 알라의 계시를 받은 밤하늘에 초승달

이슬람 경전 『꾸란』

과 별이 떠 있었기에 그때 이후 초승달과 별은 이슬람의 상징이 되었죠. 오늘날에도 터키나 말레이시아 같은 이슬람 국가들의 국기에는 초승달과 별이 그려져 있는 것을 볼 수 있습니다.

무함마드는 알라의 메시지를 전달할 목적으로 선택된 최후의 예언자라고 사람들은 믿습니다. 무함마드는 아브라함보다 위대하고, 모세나 다윗보다 위대하며, 심지어 예수님보다 더 위대한 존재로 여겨지면서 이슬람 최고 성인으로 신격화됩니다. 무함마드는 부인이 죽자 이슬람 세계의 결속을 위해 친구의 9살짜리 딸과 결혼하기도 합니다. 이때 그의 나이 50세였죠. 무함마드는 거룩한 전쟁이라 부르는 지하드를 통해 다른 민족들을 정복하며 세력을 넓혀갑니다.

사막의 종교, 아랍 세계를 정복하다

이슬람은 알라에 대한 절대 순종을 강조합니다. 이슬람교를 믿는 사람은 '복종하는 사람'이라는 뜻의 '무슬림'muslim으로 불립니다. 무슬림은 이마가 바닥에 닿도록 절하는 동작으로 신앙을 표현합니다. 이슬람교는 종교 지도자를 국가의 지도자로 여기므로 종교의 가르침은 일반 법을 초월하는 강력한 힘을 가집니다. 이슬람은 강력한 복종과 충성의 교리, 군사력을 바탕으로 정복 전쟁을 통해 급격히 성장하기 시작합니다.

교회 다니면서 교회사도 몰라?

이슬람, 유럽을 압도하기 시작하다

이슬람은 무서운 속도로 팽창합니다. 순식간에 아라비아반도를 장악한 이슬람은 이제 유럽을 넘보기 시작합니다. 697년 동로마제국의 도시 카르타고가 이슬람 세력에게 무너진 것으로 시작으로, 지중해 주변의 기독교 도시들이 차례로 이슬람에 함락됩니다. 이슬람은 서쪽으로는 유럽과 스

초승달과 별

페인, 남으로는 북아프리카, 동으로 중앙아시아와 인도까지 퍼져 나갑니다.

이슬람이 지중해를 지배하게 되면서 무역은 더욱 활기를 띠었고, 경제력을 바탕으로 유라시아와 아프리카, 인도에 이르는 광대한 제국을 건설합니다. 그렇게 하면서 10세기에 이르자 이슬람은 경제, 철학, 과학 등 여러 분야에서 기독교를 배경으로 하는 유럽을 압도하기 시작하죠. 자신감을 얻은 이슬람은 기독교를 본격적으로 탄압합니다. 교회는 사막에서 온 뜻밖의 복병을 만난 것입니다.

〈이스마엘과 하갈을 추방하는 아브라함〉, 조제프 댄 하우스 어 作, 1805년.

세계 제1의 종교는 이슬람?

구약 성경에 등장하는 아브라함은 유대교, 기독교, 이슬람교에서 모두 중요하게 여기는 인물입니다.

아브라함의 두 아들 중 이스마엘은 첩 하갈의 아들이고, 이삭이 본처 사라의 아들이기 때문에 성경은 이삭을 아브라함의 약속된 후손으로 인정하죠. 그런데 무함마드는 아브라함의 적자는 이삭이 아니라 이스마엘이고, 아브라함의 종교는 유대교나 기독교가 아닌 이슬람교였다고 주장하기 시작합니다. 아랍 민족은 이스마엘의 민족이며 예언자 무함마드를 배출한 위대한 민족이라는 것이죠.

632년 6월 8일, 무함마드는 사망합니다. 그러나 그 후계자인 칼리프들의 시대를 거치면서 이슬람은 계속해서 확장됩니다. 2022년 기준, 이슬람 인구는 전 세계 인구의 5분의 1에 달하는 19억 명입니다(한국선교연구원 자료 www.krim.org). 개신교와 가톨릭을 합친 기독교 인구 25억 명보다는 적지만, 개신교와 가톨릭을 구분한다면 세계 제1의 종교는 이슬람입니다.

이슬람과 기독교의 오랜 갈등은 현재 진행형입니다. 이슬람 무장 단체 IS의 테러로 전 세계가 여전히 몸살을 앓고 있습니다. 9·11 테러 이후 기독교 문명과 이슬람 문명의 대립은 더욱 심해졌어요. 오늘날에는 북아프리카의 이슬람과 유럽의 기독교 간의 갈등 형태로 나타나고 있습니다.

종교적 광기인가, 신앙심인가

2020년 10월 16일, 프랑스 파리의 중학교 역사 교사인 사뮈엘 파티가 살해당하는 충격적인 사건이 일어납니다. 거리에서 사뮈엘의 목을 베어버린 범인은 놀랍게도 18세의 무슬림 소년이었어요. 살해당한 교사는 무함마드를 풍자한 만화로 '표현의 자유'에 관한 수업을 했는데, 소년은 무함마드를 모욕한 것으로 생각해 범행을 저지른 것이죠. 마크롱 프랑스 대통령은 이를 '이슬람 테러 공격'이라고 분노했습니다.

사건은 발단은 5년 전, 프랑스 주간지 『샤를리 에브도』가 무함마드를 소재로 한 풍자만화를 게재한 것이었어요. 당시, 분노한 이슬람 극단주의자들이 총기를 난사해 잡지사 직원 12명이 사망한 사건이 벌어집니다.

오늘날, 프랑스에 거주하는 무슬림 인구는 약 600만 명으로 전체 프랑스 인구의 10퍼센트에 해당합니다. 『워싱턴 포스트』에 따르면, 이슬람 관련 테러로 사망한 이는 2012년 이후 260명 이상입니다. 지하드, 탈레반, 하마스, 헤즈볼라, 알카에다 등 이슬람 원리주의 집단은 알라가 만든 신성한 세계가 서구 기독교 문명에 의해 오염되었다고 주장하며, 그들은 이를 이유로 서구사회를 테러 대상으로 삼고 있습니다.

이슬람, 진리를 비틀다

이 모든 갈등의 핵심에는 이슬람의 교리가 있습니다. 정복과 굴복을 가르치는 이슬람 교리는 타 문명과의 마찰을 적극적으로 일으키는 요인으로 작용합니다. "알라를 믿지 않거나, 마지막 날을 믿지 않고, 알라와 그분의 메신저가 불법으로 만든 것을 불법으로 여기지 않고, 성경을 받은 사람들로부터 진리의 종교를 받아들이지 않는 사람들과 싸우라. 그들이 겸손한 상태에서 기꺼이 지지를 바칠 때까지 〔싸우라〕"꾸란 8:39.

이처럼 폭력을 정당화하는 교리를 바탕으로 하는 이슬람 원리주의가, 1960년대 이후 세계 곳곳에서 테러의 양상으로 나타나고 있습니다.

"알라 외에는 다른 신이 없고, 나는 무함마드가 그의 선지자임을 믿는다." 무슬림들이 기도할 때마다 암송하는 꾸란의 첫 구절입니다. 성경이 가르치는 기독교의 핵심 교리는 예수님께서 하나님과 동일한 신성과 본체를 가진 하나님이라는 사실입니다. 이슬람교는 하나님의 유일성을 강조하면서 동시에 예수 그리스도의 신성을 부정하였고, 결국 예수 그리스도는 그저 수많은 인간 예언자 가운데 하나일 뿐이라고 가르치며 성경을 왜곡했습니다.

유럽의 핵심 종교인 기독교와 아라비아 사막에서 새롭게 태어난 이슬람의 충돌은 예견된 것이었어요. 서구의 근간을 이룬 기독교와 중동의 종교 이슬람, 문명의 충돌이라고 불릴 만큼 수천 년간 이어지고 있는 두 거대 종교의 오랜 갈등의 역사는 그렇게 시작되었습니다.

함께 봐요

〈유해석 박사의 이슬람 특강: 우리 곁에 다가온 이슬람〉, CTS 특강: 1강, CTS, 2021, 유튜브
기독교인은 왜 이슬람을 알아야 하는가? 이슬람 전문가 유해석 박사가 말하는 "우리 곁에 다가온 이슬람"

《칼리프의 나라》, 2020, 넷플릭스 드라마
시리아 라카와 스웨덴 스톡홀름을 배경으로, 이슬람 무장 테러 단체인 ISIS의 테러 계획을 막으려는 스웨덴 경찰을 소재로 한 현실적이고 스릴 넘치는 이야기

교회 다니면서 교회사도 몰라?

Q&A

Q. 오늘날 이슬람은 왜 그렇게 빠르게 성장하고 있나요?

1930년도에 전 세계 이슬람 인구는 2억3백만 명이었다. 1970년대에는 이슬람 인구가 전체의 15퍼센트를 차지했지만 2000년에는 5퍼센트가 더 늘어 20퍼센트가 되었다. 현재 전 세계의 이슬람 인구는 23.2퍼센트이다.

『개혁주의 입장에서 본 이슬람』 이슬람 대책위원회(예장합동)

A. 현대 이슬람이 계속해서 성장하는 제1 요인은 높은 출산율입니다. 무슬림의 출산율은 가히 폭발적이에요. 무함마드의 가르침을 따르는 이슬람 국가들은 피임과 독신을 금합니다. "너희 가운데 독신자는 결혼할지어다"꾸란 24:32. 따라서 무슬림 여성은 모두 결혼하고 자녀를 많이 낳습니다. 이슬람은 합법적으로 4명의 아내를 둘 수 있어요. 그리고 낙태가 금지되고, 10대 결혼이 합법적이기 때문에 출산율이 높을 수밖에 없어요. 또한 많은 무슬림 국가에서는 집 밖에서 여성이 일하는 것을 허용하지 않죠. 여성이 주로 집에서 생활하는 가정환경으로 인해 자연스럽게 평균적인 비무슬림 가족보다 더 많은 자녀를 가지게 됩니다.

전통적인 무슬림은 많은 자녀를 낳는 것을 이슬람 공동체를 확장하는 일로 보며, 이를 무함마드에 대한 헌신의 표현이라고 생각합니다. 이렇게 태어난 아이들은 당연히 무슬림으로 자라나죠.

2010년도 CIA에서 조사한 『월드 팩트북』World Fact Book을 보면 지구 상에서 출산율이 가장 높은 다섯 나라 중에 세 나라가 이슬람 국가입니다. 무슬림이 98퍼센트인 니제르는 출산율이 7.68로 세계 최고입니다. 90퍼센트인 말리는 6.54, 99.8퍼센트인 소말리아는 6.44입니다. 반면, 유럽연합EU은 저출산 문제로 고민하고 있습니다. 2021년 한국외대 EU 연구소가 발표한 자료에 따르면 유럽연합 회원국의 평균 출산율은 1.53 명으로 인구 유지를 위한 최소 출산율(2.1명)보다 낮습니다. 이런 상황에서 이슬람의 다산정책은 종교 비율에 큰 영향을 미칩니다.

유럽을 피로 물들였던 제2차 세계대전으로 유럽은 많은 젊은이를 잃었습니다. 전쟁이 끝나고 폐허 복구에 필요한 노동력 보충을 위해 중동의 많은 이민자에게 문을 열게 됩니다. 이들을 통해, 이슬람 인구가 유럽에 대거 들어옵니다. 이처럼 무슬림 인구가 증가하는 이유는 새 개종자의 유입이 아닌 높은 출생률 때문입니다.

기독교의 발흥지였고 전 세계로 선교사를 보내던 유럽이, 이제 이슬람에 물드는 상황입니다. 과거의 이슬람이 전쟁으로 정복했다면, 오늘의 이슬람은 높은 출산율로 정복하고 있습니다. 기독교와 이슬람의 오랜 대립은 이제 새로운 국면으로 접어들고 있습니다.

참고자료

- 『세 종교 이야기』, 홍익희, 행성B, 2014.
- 『세계 5대 종교 역사도감: 지도로 읽는다』, 라이프사이언스, 이다미디어, 2016.
- 『이슬람, 경계와 사랑 사이에서』, 유해석, 대한예수교장로회총회, 2022.
- International Bulletin of Missionary Research(국제선교연구), 2022년 1월호

교회 다니면서 교회사도 몰라?

9

비잔틴 제국: 로마의 영광을 다시 한번!

#세계최대교회 #유럽의재구성 #불가능은없다 #봄날은온다 #하기아소피아성당

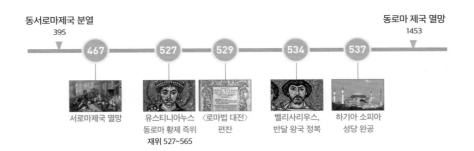

| 동서로마제국 분열 | | | | | 동로마 제국 멸망 |
| 395 | | | | | 1453 |

| 467 | 527 | 529 | 534 | 537 |
| 서로마제국 멸망 | 유스티니아누스
동로마 황제 즉위
재위 527~565 | 《로마법 대전》
편찬 | 벨리사리우스,
반달 왕국 정복 | 하기아 소피아
성당 완공 |

최대 규모의 교회들

유럽을 여행하다 보면 엄청난 규모와 화려한 건축미를 자랑하는 교회 건물들을 만날 수 있습니다. 로마 바티칸의 성 베드로 성당은 그 위용과 존재감이 실로 대단합니다. 미켈란젤로의 숨결이 느껴지는 이 교회에서는 르네상스 예술의 정수를 볼 수 있습니다. 독일의 쾰른 대성당은 그 첨탑의 높이가 157.38미터로 로마네스크 고딕 양식의 진수를 보여줍니다. 스페인 바르셀로나에는 사그라다 파밀리아 성당이 있죠. 천재 건축가 안토니 가우디가 설계한 이 교회는 1882년에 시작된 건축이 140년이

사그라다 파밀리아 성당(스페인 바르셀로나)

넘게 아직도 진행 중이라고 하니 정말 대단하죠. 규모 면에서는 코트디부아르에 있는 야무수크로 성모평화대성당은 세계 최대 규모의 성당으로 기네스북에 등재되어 있습니다.

그런데 6세기, 당시 지구상에서 가장 크고 웅장한 규모의 교회가 지어집니다. 그곳은 유럽이나 로마가 아니었어요. 뜻밖에도 동방의 거대 도시 콘스탄티노플이었습니다.

유럽의 재구성

6세기 유럽은 게르만족의 시대였습니다. 서로마가 무너진 자리에 게르만족이 세운 여러 왕국이 들어섰기 때문이죠. 서고트 왕국, 동고트 왕국, 반달 왕국, 부르군트 왕국, 프랑크 왕국 등이 유럽 곳곳에 세워집니다. 여기에 유럽의 북방에서는 로마의 빈자리를 노리는 또 다른 이민족의 이동이 시작되고 있었어요.

큰 키에 금발과 파란 눈, 머리와 꼬리 부분이 휘어진 모양의 빠른 배를 타고 바다와 강을 누비던 이들은 일명 '바이킹'이라 불렸습니다. 8세기 말부터 스칸디나비아반도에서 어업과 상업을 하던 노르만족이 인구가 늘어나자 유럽 내륙으로 영토를 확

교회 다니면서 교회사도 몰라?

장하기 시작한 것이죠. 바이킹들은 서쪽으로 이동하면서 잉글랜드를 정복하고, 동쪽으로 슬라브족을 공격하여 러시아의 조상이 됩니다. 남아 있던 노르만의 후손들은 스웨덴, 덴마크, 노르웨이 등을 세워 북유럽의 기초를 완성합니다.

동방의 로마, 비잔틴 제국

격동의 시기였습니다. 서로마 멸망 이후 힘의 공백기에 유럽을 차지하려는 세력들로 인하여 지각변동이 일어나고 있었고, 설상가상으로 아라비아 사막에서 출현한 이슬람교가 맹렬한 기세로 위협하고 있었으니까요. 이런 역사의 소용돌이 속에서 어떻게 교회는 유지될 수 있었을까요? 제국의 동쪽에서 그 해답을 찾을 수 있습니다.

330년에 콘스탄티누스 황제가 세운 도시 콘스탄티노플이 제국의 동방에서 로마의 수도 역할을 이어가고 있었습니다. 콘스탄티노플(오늘날 튀르키에 이스탄불)을 중심으로 건재했던 동방의 로마를 동로마제국Eastern Roman Empire이라 부릅니다. 수도 콘스탄티노플의 원래 이름이 비잔티움이었기 때문에, 이 동로마제국을 '비잔틴 제국'Byzantine Empire이라고도 합니다. 비잔틴은 콘스탄티노플을 거점으로 1453년에 오스만 제국에 의해 무너질 때까지 천년 세월을 유럽 문명의 중심으로 군림합니다. 4세기에 그 기초가 놓였고, 5세기 서로마 멸망 이후에 역사의 중심축을 가져온 동로마제국은 6세기에 이르러 전성기를 맞이합니다. 자, 비잔틴 제국의 영광의 시대를 이끈 히어로를 만나봅시다!

로마의 영광을 꿈꾼 황제

527년, 유스티니아누스가 비잔틴 황제로 즉위합니다. 동로마 황제로서 그의 최우선 관심사는 게르만족에 빼앗긴 로마의 영토를 되찾는 것이었어요. 이 용맹한 황제는 서로마제국 영토를 차지한 이민족들과 전쟁을 선포합니다. 533년, 명장 벨리사리우스 장군을 앞세우고 15,000명의 군사를 출정시키면서 로마의 영토 회복을 위한 전쟁이 시작됩니다.

비잔틴 제국의 황제
유스티니아누스(527~565)

먼저, 북아프리카를 지배하고 있던 반달족과의 전쟁을 통해 반달 왕국을 무너뜨립니다. 다음은 서로마의 심장이라 할 수 있는 이탈리아 본토의 동고트족을 섬멸하죠. 여세를 몰아 서고트족이 지배하던 히스파니아(오늘날 이베리아반도)를 침공합니다. 수차례에 걸친 이민족과의 전쟁 끝에 유스티니아누스 황제는 북아프리카, 이탈리아, 로마, 스페인 남부, 시칠리아, 크레타까지, 서로마제국의 영토였던 서지중해 일대를 대부분 회복합니다. 이로써 지중해를 다시 로마의 호수로 만들고 비잔티움 제국의 영토를 최대로 확장한 황제로 역사에 이름을 남깁니다.

로마법 대전

유스티니아누스 황제는 그렇게 확보한 거대한 영토를 다스리기 위해 통일된 법률 체계가 필요함을 느낍니다. 그렇게 황

교회 다니면서 교회사도 몰라?

제 주도하에 고대 그리스와 로마법을 연구하여 집대성한 대작품, 인류의 소중한 문화유산인 "로마법 대전"이 탄생했습니다. "유스티니아누스 법전"이라고도 불리는 로마법 대전이 오늘날 유럽 법전의 기초가 될 수 있었던 것은, 법률의 보편적 척도를 제공한 로마법의 위대함 덕분입니다. 로마법의 영향은 세계의 많은 국가에 영향을 미쳤습니다. 로마법 대전은 유스티니아누스 황제 개인을 넘어 인류사에 공헌한 보석 같은 업적이라 할 수 있어요. 이 뛰어난 황제가 남긴 또 다른 업적은 콘스탄티노플 중심에 우뚝 서 있는 한 건축물입니다.

동서양 문화의 콜라보레이션

비잔틴 제국의 수도인 콘스탄티노플은 동양과 서양이 교차하는 문명의 중심지였습니다. 지리적으로 동서양 문화가 만나고 활발히 교류하는 곳이었기에 비잔틴 만의 독특한 문화로 꽃피게 됩니다. 서양 문명의 뿌리인 그리스 문화를 기초로 하고, 발달한 로마의 학문이 더해지고, 동방 세계의 신비한 사상이 합쳐진 것이죠.

이렇게 탄생한 비잔틴 문화는 서유럽과 이슬람 문화 발전의 모판이 되었고, 훗날 르네상스의 기초를 이룹니다. 비잔틴의 부와 화려함은 제국의 수도 콘스탄티노플에서 절정을 이루었어요. 그 중심에는 단연 교회 건축이 있었죠. 외형은 서로마 양식의 특징인 아치와 돔이 주를 이루었고, 내부 장식은 동방 건축의 특징인 화려한 색감과 모자이크로 채워집니다. 비잔틴 건축 최고의 걸작은 그렇게 탄생합니다.

하기아 소피아 성당

튀르키예 이스탄불에 가면 반드시 방문하게 되는 세계적인 관광 명소가 있습니다. 현대 건축가들도 감탄하는 이 거대하고 아름다운 건물은 유스티니아누스 황제의 명으로 완공한 하기아 소피아 성당입니다. AD 537년, 성당 건축이 완성되었을 때 황제는 이렇게 외쳤을 정도였습니다. "솔로몬이여! 내가 그대를 이겼노라!"

화려하고 웅장하기로 유명했던 솔로몬 성전보다 더 아름답게 여겨질 만큼 소피아 성당의 예술적 가치는 1,500년이 지난 지금까지 세계 건축 역사에 빛나고 있습니다. 건물 전체의 길이는 100미터, 내부 넓이는 7,570제곱미터(약 2,300평)에 이릅니다. 건물 전체에는 107개의 기둥이 있는데, 건물 중앙의 웅장한 둥근 천장에는 기둥이 없어서 마치 하늘에 걸려 있는 것

하기아 소피아 성당(튀르키예 이스탄불)

교회 다니면서 교회사도 몰라?

처럼 보입니다. 가로 세로가 각각 69미터와 75미터에 이르는 엄청난 무게를 지탱하면서 56.6미터 높이의 거대한 둥근 천장을 만들기 위해 첨단 공법이 사용되었어요. 정사각형 벽체에 원형 천장을 얹는 방식은 차원이 다른 신기술이었어요. 유스티니아누스 황제는 이 교회 건축을 위해 제국이 가진 모든 것을 동원했습니다. 교회 내부는 세계 최고 수준의 황금 모자이크와 은장식, 나일강에서 가져온 검붉은 대리석, 금빛 리비아산 대리석과 화려한 조각들로 장식했습니다.

> 하기아 소피아는 스스로 빛을 발한다. 그 빛은 자신의 중심, 신적인 지혜의 태양으로부터 나온다.
> _파울로스 실렌티아리우스(유스티니아누스의 궁정 시인)

100층을 훌쩍 넘는 초고층 빌딩에 익숙한 현대인들에게도 놀랍게 여겨지는 이 건축물을 6세기에 처음 보았던 사람들은 그 위용에 압도당하고도 남았을 것입니다.

성 소피아 성당은 황제의 대관식 장소로 사용될 만큼 동로마제국을 대표하는 교회로 사용되다가, 1453년에 오스만 제국에게 빼앗긴 이후 1931년까지 478년간 이슬람 사원으로 사용되었어요. 최근까지는 튀르키예 정부에 의해 박물관으로 운영되다가(1935~2020), 2020년에 다시 모스크로 전환되었습니다. 오늘도 해마다 몰려드는 400만 명의 관광객들을 맞이하는 이 웅장한 교회는 천년 제국 비잔틴의 유산과, 기독교와 이슬람의 갈등의 역사를 고스란히 간직하고 있습니다.

비운의 도시, 콘스탄티노플

유스티니아누스는 콘스탄티노플을 중심으로 국가와 교회를 통합한 강력한 권력을 가질 수 있었죠. 비잔틴 제국은 잠시나마 로마의 옛 영광을 회복하는 듯 보였습니다. 그러나 제국의 영광을 되찾는 길은 험난했어요. 황제가 세상을 떠나자 이민족들은 자기 세력을 되찾았고, 제국은 다시 혼란스러워졌습니다. 황제가 죽고 난 후, 강력한 이슬람 제국인 사산조 페르시아와의 전쟁이 시작되었고, 상당한 영토를 잃게 됩니다.

설상가상으로 541년, 지중해와 유럽, 근동 전체에 끔찍한 전염병이 발병합니다. 고열과 부종으로 고통받다가 사망하는 페스트(흑사병)였는데, 이 질병은 유스티니아누스 1세 치세에 발발했기에 '유스티니아누스 역병'이라고도 불립니다. 로마제국의 부활을 꿈꾸던 동로마제국에게는 결정적인 타격이었어요. 7세기가 되자 콘스탄티노플은 이슬람에게 공격당하기 시작했고, 13세기에는 십자군에게 정복당하고, 마침내 1453년에는 오스만 제국에 멸망당합니다.

비잔티움, 그들이 남긴 것

서로마 멸망 이후의 유럽은 지중해 동편에서 몰려오는 이슬람이라는 거대한 쓰나미에 맞서야 했어요. 이 시기에 동로마제국은 이슬람 세력으로부터 유럽 문명과 기독교를 지키는 방파제가 되었습니다. 이슬람의 공세로부터 로마의 유산을 지켜냄과 동시에 유럽 교회의 수호자 역할을 한 것입니다.

또한, 동로마제국은 동방 정교회Eastern Orthodox Church의 총

교회 다니면서 교회사도 몰라?

본산 역할을 했어요. 이는 비잔틴의 수도 콘스탄티노플의 위치를 보면 이해할 수 있습니다. 오늘날 이스탄불이라 부르는 이 도시는, 보스포루스 해협을 가운데에 두고 아시아와 유럽 양 대륙에 걸쳐 있습니다. 로마의 기독교 즉 서방 교회가 서유럽 문화에 영향을 주었다면, 콘스탄티노플 교회 즉 동방 교회는 동유럽 문화에 영향을 미쳤다고 할 수 있습니다.

비잔틴의 황제들은 과거 로마의 영광과 부활을 꿈꾸었지만, 역사는 새로운 시대를 향해 흘러가고 있었습니다. 그러는 사이, 정치와 연결된 교회는 점점 더 권력화되고 있었죠. 교회 권력과 국가 권력은 갈등의 조짐을 보이고 있었습니다.

함께 봐요

《마지막 군단》(The Last Legion), 더그 레플러 감독, 콜린 퍼스·벤 킹슬리 주연, 2011, 영화.
5세기 중엽을 배경으로, 서로마 멸망 후 최후의 황제 로물루스 아우구스투스를 다룬 영화이며, 야만족 고트족 장군 오도아케르의 침략에 맞서는 로마의 마지막 모습을 다룬 역사 판타지 역사물

〈살아남은 로마, 천년의 비잔틴〉, 충돌하는 문명, 투쟁하는 제국: 13부, 지식향연TV, 2021, 유튜브.
세계제국 로마와 비잔틴 제국과 오스만 제국까지 수많은 문명이 충돌한 역사의 현장을 영상과 해설로 담은 역사 다큐멘터리이다. 성 소피아 성당 내부를 영상으로 만날 수 있다.

Q. 서방교회와 동방교회는 무엇이 다른가요?

A. 거대 제국으로 성장한 로마가 서로마와 동로마로 나뉜 것처럼, 제국의 교회도 서방교회와 동방교회로 나뉘게 됩니다. 제국의 국교가 된 기독교는 지중해를 중심으로 5개 도시에 대주교를 세우고 세계 교회를 관리했어요. 그 5개 교구는 로마, 콘스탄티노플, 알렉산드리아, 안티오키아 그리고 예루살렘이었죠.

서로마 멸망 후, 교회를 보호하는 역할은 동로마 황제의 몫이 되었습니다. 그러나 7세기 이후, 이슬람 세력의 확장으로 이 체제도 흔들립니다. 동로마가 이슬람에 알렉산드리아, 예루살렘, 안티오키아를 빼앗기면서, 기독교 세계는 로마와 콘스탄티노플만 남게 됩니다. 콘스탄티누스 황제 이후, 로마 교구가 교회의 중심지 역할을 해왔습니다. 로마는 베드로가 묻힌 도시였고, 제국의 수도라는 상징성과 위상이 힘을 부여했죠. 하지만 이제 콘스탄티노플이 교회의 새로운 중심으로 부상합니다.

서방의 로마와 동방의 콘스탄티노플, 두 도시는 그 지리적인 간격만큼 교리적인 차이가 있었습니다. 서로마 교회가 라틴 문화에 기원을 둔 반면, 동로마 교회는 그리스 문화에 기원을 두고 있습니다. 로마 교회는 라틴어를 사용했지만, 콘스탄티노플은 그리스어를 사용했죠. 이로 인해 성찬식에 어떤 빵을 사용할 것인지, 금식하는 날을 언제로 할 것인지, 성직자의 결혼을 허용할 것인지, 성상을 사용할 것인지 등등 크고 작은 이

견들이 생겨났어요.

　교리 논쟁의 정점은 이른바 '필리오케' 논쟁이었습니다. 라틴어 '필리오케'Filio Que는 문자적으로는 "그리고 아들"이라는 뜻입니다. 성령이 아버지와 "그리고 아들"로부터 비롯되었다는 것을 뜻하는 교리적인 표현이죠. 서방교회가 니케아 신경에 이 단어를 넣으려고 하자, 동방교회는 이에 맹렬히 반발합니다. 삼위일체에 관련한 이 중요한 교리를 수정할 권한이 로마와 콘스탄티노플 중에 과연 누구에게 있느냐 하는 종교적 권위의 문제였어요.

　이렇게 갈등이 계속되던 중 11세기에 결정적인 사건이 일어납니다. 1054년 7월 16일, 로마 교황 레오 9세의 특사 자격으로 로마의 추기경이 사절단을 이끌고 콘스탄티노플을 방문합니다. 사절단은 소피아 성당에 들어가 제단에 동방교회를 파문한다는 내용의 교황 칙서를 올려놓고 로마로 돌아가버리죠. 칙서는 동방교회를 이단으로 규정하고, 대주교를 파문한다는 내용이었어요. 이에 격분한 동방교회도 서방교회를 파문합니다.

　그렇게 1054년에 분열되어 정교회(동방교회, Eastern Orthodox Church)와 가톨릭(서방교회, Catholic Church)으로 갈라선 시점을 역사적으로는 '동서교회의 분열'이라고 부릅니다. 이후, 서방교회는 로마의 바티칸을 중심으로 서유럽과 라틴 아메리카로 퍼져 나갔고, 동방교회는 그리스와 이집트, 동유럽과 러시아로 확장되었습니다. 개신교 입장에서는 모두 가톨릭이라고 보기도 하지만, 내부적으로는 오랜 갈등으로 대립하는 관계입니다.

참고자료

- 『니케아 시대와 이후의 기독교』(교회사전집 제3권), 필립 샤프, 2004, CH북스
- 『청소년을 위한 세계사』(서양편/동양편), 이강무, 휴머니스트, 2014.

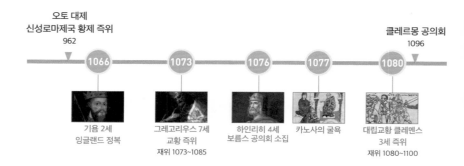

10 AD 1066~1080
황제의 굴욕

#꽃길만걷던황제의굴욕 #날개없는추락 #실화냐 #1인자교황 #좋은승부였다

오토 대제
신성로마제국 황제 즉위
962

클레르몽 공의회
1096

1066 기욤 2세
잉글랜드 정복

1073 그레고리우스 7세
교황 즉위
재위 1073~1085

1076 하인리히 4세
보름스 공의회 소집

1077 카노사의 굴욕

1080 대립교황 클레멘스
3세 즉위
재위 1080~1100

Welcome to 중세: 성, 기사 그리고 중세시대

여러분은 중세시대를 생각하면 어떤 이미지들이 떠오르시나요?

우뚝 솟은 성, 보좌에 앉은 영주, 그에게 충성을 맹세하는 기사가 먼저 그려지실 것입니다. 온몸을 감싼 철 갑옷을 입고 말에 올라탄 수많은 기사들이 서로 노려보며 긴 창을 겨눈 채 달리는 말발굽 소리와 함성이 들려오는 듯합니다. 이들은 어떻게 중세의 상징이 되었을까요? 중세 유럽의 상황을 살펴보면 그 답을 찾을 수 있습니다.

교회 다니면서 교회사도 몰라?

게르만족에 이어 노르만족의 이
동이 시작되면서 북방 이민족의 계
속된 침입으로 유럽의 백성은 불안
했습니다. 그들은 목숨과 땅을 지키
기 위해 성을 짓고 기사들에게 보호
를 요청합니다. 또한, 백성은 토지
를 나누어 주고 재산과 생명을 보호

영주에게 서약하는 기사

해주는 것에 대한 조건으로 영주에게 충성을 맹세했습니다. 성
의 절대 일인자 영주를 주군으로 여기는 계약 관계가 맺어지게
됩니다. 넓은 토지를 가지고 무장한 기사들을 거느린 영주들은
자연스럽게 중세의 지배 계급이 되었어요. 국왕은 멀리 있었
고, 영주는 가까이에 있었죠. 중세를 특징짓는 봉건제도는 그
렇게 시작되었습니다. 영주와 기사 그리고 농민은 중세의 주요
계급을 구성합니다. 여기에 빠질 수 없는 또 하나의 '핫'한 계
급이 있었으니, 바로 교회의 성직자들이었어요.

'넘사벽' 권력자, 교황의 등장

중세에 이르러 로마 기독교는 유럽 전체의 종교가 되어 있
었습니다. 로마 기독교는 지중해를 중심으로 5개의 거대 도시
에 따라 5개 교구로 나뉘어 있었어요. 교회가 시작된 예루살
렘, 북아프리카에 위치한 알렉산더의 도시 알렉산드리아, 시리
아의 거대 도시 안티오크, 제국의 오랜 수도인 로마, 황제 콘스
탄티누스의 도시 콘스탄티노플.

5대 교구들 가운데 가장 큰 영향력을 가진 교구는 단연 로

천국 열쇠를 쥔 베드로 상(로마 바티칸)

마였습니다. 로마 교구의 총대주교는 자신을 다른 주교들과 구분하기 위해 새 호칭을 사용했는데, 이것이 바로 '교황'이었습니다. 이후로 교황은 로마 기독교 최고 지도자의 호칭으로 오늘날까지 사용되고 있습니다.

교황들은 자신을 '어부의 후예'라 칭했습니다. 어부였던 베드로를 계승하는 것처럼 겸손하게 들리지만, 실은 최초의 교황이자 예수님의 대리자로 여겼던 베드로의 영적 후손임을 자칭하는 것으로, 자신을 초월적인 존재로 여기는 표현입니다.

당시 로마 교황청은 서유럽 전체 토지의 4분의 1을 소유했을 정도로 엄청난 부를 누리고 있었어요. 로마 교황은 유럽 전체 교회를 움직이는 막강한 권력을 발휘합니다. 하늘에 태양이 하나인 것처럼, 중세 유럽의 최고 권력자는 둘이 될 수 없었어요. 교회 지도자와 국가 지도자, 교황과 황제, 과연 누가 제1의 권력자인가. 길고도 오랜 싸움이 시작됩니다.

교회와 국가의 빅매치: 서임권 갈등

1073년, 교회의 영웅 그레고리우스 7세가 교황으로 등극합니다. 이때 신성로마제국의 황제는 하인리히 4세였습니다. 당시 영주들은 자신의 뜻대로 성직자들을 임명하고, 교회의 보호

교회 다니면서 교회사도 몰라?

자로 행세했어요. 이것은 교회 지도자들의 심기를 불편하게 했습니다. 교회 지도자인 주교를 임명하는 권리는 누구에게 있는가의 문제, 즉 '서임권 갈등'은 첨예한 문제로 떠오릅니다. 이 갈등의 핵심은 누가 유럽의 최고 권력자인가에 있었지요. 교회 측 대표인 교황 그레고리우스 7세와, 국가쪽 대표인 황제 하인리히 4세의 자존심을 건 한판 승부가 시작됩니다!

선제공격을 시작한 것은 교황 그레고리우스 7세였습니다. 이 카리스마 넘치는 교황은 성직자들이 세속 권력에 복종하는 것을 거부했습니다. "더 이상 영주는 성직자를 임명할 수 없다! 영주도 성직자들에게 복종해야 하는 평신도일 뿐이다!" 그레고리우스 교황은 왕을 포함한 평신도들이 교회 지도자인 주교 임명에 참여하는 일, 즉 서임권 행사를 금지했습니다. 황제는 즉시 반격에 나섭니다. 감히 황제를 평신도 취급하다니! 하인리히 4세는 "교회는 국가의 보호를 받아야 하고, 따라서 국가의 수장인 황제가 교회의 지도자를 임명하는 것이 당연하다"라고 주장합니다. 한 치의 양보 없는 팽팽한 대립이었어요.

황제를 파문한 교황

황제는 교황에게 도발적인 편지를 보냅니다. "교황이 아닌 사이비 수사에게 편지하노라! 그대는 잔꾀와 뇌물로 권력을 쥐었으면서, 어찌 기름 부음 받은 왕의 명예를 훼손하는가! 그대에게 명하노니, 당장 교황의 자리에서 내려올지어다!" 교황의 존재와 권위를 완전히 무시하는 내용이었어요.

분노가 폭발한 교황은 특단의 조치를 취합니다. 모든 교회

교황 그레고리우스 7세(1020~1085)

를 향해 왕을 폐위시킨다는 금령을 보낸 것입니다. "나는 황제 하인리히가 통치하는 것을 금한다. 그는 교만으로 교회를 짓밟으며 자신을 높였기 때문이다. 모든 그리스도인에게 누구든지 그를 왕으로 섬기는 것을 금하는 바이다!"

그야말로 폭탄선언이었습니다. 교황이 황제를 폐위시키겠다고 나선 것은 역사상 처음 있는 일이었어요.

교황 그레고리우스 7세는 유럽 최고 주권자는 교황임을 천명하는 '교황의 확언'Dictatus papae이라는 제목의 교령을 반포함으로써 황제 하인리히 4세를 파문합니다. 중세세계에서 '파문'의 위력은 상상을 초월할 정도였습니다. 파문당한 자와 관계를 맺는 자도 파문의 대상이 됩니다. 이 파문은 이단과 이교도에게 행해지는 저주를 의미했고, 중세 사회로부터 전면적인 단절과 추방을 뜻했습니다.

> 이것은 기독교 세계에서 가장 큰 두 권력 간의 사생 결단의 충돌을 알리는 신호탄이었다.
> _필립 샤프

하인리히 황제는 자신이 폐위되었다는 소식을 듣고 분노했지만 이미 상황은 그에게 불리했습니다. 유럽 전체 사회와 교

교회 다니면서 교회사도 몰라?

회가 교황의 판결을 받아들였기 때문입니다. 대세는 교황에게 기울어 있었어요. 황제는 교황에게 사면을 간청해야만 했습니다. 황제로서 치욕적인 일이었지만, 그것만이 살길이었습니다.

카노사의 굴욕

1077년 겨울은 유럽 역사에서도 기록적인 한파가 몰아친 해였습니다. 성탄절을 앞둔 어느 날, 한 사내가 두 살짜리 어린 아들과 아내를 데리고 알프스를 넘고 있었습니다. 살을 에는 듯한 추위를 뚫고 초라한 썰매를 타고 눈 덮인 산을 넘고 있는 이 사내는 황제 하인리히 4세였습니다. 교황과의 대결에서 패한 황제는 사죄를 위해 교황을 찾아가고 있었던 것이죠.

이때 교황은 자신의 지지자였던 토스카나 백작 가문의 영지에 위치한 카노사Canossa라는 마을에 머무르고 있었어요. 카노사는 북부 이탈리아 레지오 에밀리아주에 위치한 성으로, 카노사의 초대 백작인 아토 아달베르트가 건설한 성입니다.

카노사 성에 도착한 황제는 성의 주인인 마틸다와 클루니 수도원 원장 앞에서 무릎을 꿇었습니다. 교황을 만나게 해달라고 간청했지만 교황의 반응은 싸늘했어

카노사의 굴욕(1077)

그레고리우스 7세와 마틸다 앞에
무릎 꿇은 하인리히 4세

요. 1월 25일부터 28일까지 사흘 동안, 관을 쓰지도 않고 신도 신지 않은 모습으로, 쏟아지는 눈을 맞으며 추위에 떨며 성문을 두드렸습니다.

마침내 성의 문이 열립니다. 제국의 젊은 황제는 백발의 교황의 발 앞에 엎드렸습니다. "제발, 저를 살려주십시오." 교황은 황제의 속죄를 받아들이고 파문을 철회했습니다. 독일 제국의 수장이 로마 주교의 발 앞에 머리를 숙인 것입니다. 황제로서 더욱 치욕적인 것은 자신의 신하였던 토스카나 여백작 마틸다가 교황과 함께 앉아 자신의 굴욕적인 모습을 지켜보고 있었기 때문입니다. 성안 따뜻한 거실에서 승리의 순간을 만끽하는 57세의 교황과, 성의 사람들이 지켜보는 가운데 눈을 맞으며 홀로 서 있는 27세의 황제!

1077년 1월 28일에 일어난 이 사건은 이른바 '카노사의 굴욕'이라 불립니다. 세속 권력에 대한 교황권의 승리를 확인하는 순간이자, 교황이 유럽의 1인자로 확실히 등극하는 순간이었습니다.

교황은 태양이며 황제는 달이다?

공개적인 굴욕을 당한 하인리히 4세는 7년간 와신상담하며 복수를 준비합니다. 독일의 주교들과 귀족들의 지지 얻어 이를

교회 다니면서 교회사도 몰라?

바탕으로 1084년에 그레고리우스 7세 교황에 대항하기 위해 클레멘스 3세를 새로운 대립교황으로 추대합니다.

그러나 대세를 거스를 수는 없는 법이죠. 카노사의 굴욕 이후 200년간, 교황권의 전성기가 이어집니다. 이제 교회는 영적 세계의 권위뿐만 아니라, 정치 세계와 현실 세계를 아우르는 광범위한 권력을 발휘하기 시작합니다. 교황은 세상의 모든 권력 위에 있는 초월적인 권력이 되었습니다. 교회와 국가를 모두 다스리는 존재, 인간 세계를 지배하는 교회 권력의 전성시대가 시작된 것이죠. 교황 그레고리우스 7세가 꿈꾸었던 것처럼 국가는 교회의 시녀가 되었어요.

과연 중세교회는 어디로 가고 있는 것일까요?

함께 봐요

《장미의 이름》, 자크 아노 감독, 숀 코너리·크리스찬 슬레이터 주연, 1986, 영화.
움베르토 에코의 동명 소설을 원작으로 한 영화. 14세기 초반 이탈리아, 베네딕트 수도원과 프란체스코 수도회를 배경으로 수도원의 권력과 로마 가톨릭의 실상을 고발하는 역사물

〈카노사의 굴욕_ 중세유럽 최고의 명장면〉, 저스티스의 역사여행, 2020, 유튜브.
1077년에 있었던 신성로마제국 황제 하인리히 4세와 교황 그레고리우스 7세 간에 펼쳐진 패권 다툼의 정점인 '카노사의 굴욕'을 신성로마제국의 역사와 함께 설명한 영상

Q&A

Q. 왜 중세를 '암흑의 시대'라고 부르나요?

A. 중세Middle Ages는 서로마제국이 멸망한 476년부터, 동로마제국이 멸망하기까지 1453년까지의 기간, 즉 AD 5세기에서 15세기에 이르는 약 1,000년의 시기를 말합니다. 서로마제국의 멸망과 함께 고대 최강의 제국 로마가 장악하고 있던 유럽의 판도에 균열이 생기기 시작한 때부터, 동로마제국 수도 콘스탄티노플이 이슬람 제국인 오스만에 의해 무너질 때까지의 시기를 가리킵니다.

'중세'라는 말은 고대와 현대 사이의 중간 시대라는 의미로, 위대했던 고대와 화려한 현대 사이에 끼어 있는, 대단치 않고 별 볼 일 없는 시대라는 뉘앙스를 가지고 있기도 합니다. 이런 관점은 르네상스를 주도한 인문주의자들의 시각이었습니다. 인문주의자들은 유럽 역사를 고대, 중세 그리고 현대로 구분하면서 중세를 부정적으로 보았죠. 1330년대에 활동했던 이탈리아의 인문주의자 페트라르카는 로마제국의 멸망과 함께 빛나는 고전의 시대가 끝났다고 생각하기도 했지요. 그에게 중세는 위대한 고대 그리스와 로마의 유산이 단절된 "암흑의 시대"Dark Ages로 보였을 것입니다.

서로마의 멸망으로 고대에서 중세로 넘어가면서, 그리스와 로마인들이 주도해왔던 유럽의 주도권이 그들에게 야만인 취급을 당하던 북방의 게르만인에게로 넘어가게 됩니다. 유럽의 새 주인이 된 게르만은 여러

교회 다니면서 교회사도 몰라?

가지 방식으로 로마의 문명을 파괴했어요. 이렇게 5세기, 지중해를 중심으로 번성하던 찬란한 고대 역사가 끝나고, 유럽의 주인이 바뀌면서 지적, 문화적으로 쇠퇴하기 시작했고, 화려하고 찬란했던 고대가 저물고 암흑기가 시작되었다고 생각한 것이죠. 이런 생각 속에서 인문주의자들은 중세의 사상과 문화를 부정하고, 대신 고대 사상을 직접 계승하고자 했습니다. 르네상스의 슬로건인 '아드 폰테스'(ad fontes, "근원으로 돌아가자")는 중세를 뛰어넘어 문명의 원천인 고대로 다시 돌아가 고전을 발견하고 부활시키기 위한 노력이라 할 수 있습니다. 르네상스 이후로 고대 그리스와 로마의 문화를 재발견하면서 유럽의 문예 부흥으로 꽃피우게 되고, 이는 근대 이후 서구 문명의 근간을 이루게 되죠.

중세를 암흑기로 보는 견해를 반대하는 다른 의견도 있습니다. 『중세 1』의 '역사' 편을 집필한 라우라 바를레타는 중세를 거치면서 군주와 교황, 국가와 교회 사이의 관계가 정립되었고 유럽의 정체성이 나타났다고 말합니다. 중세는 단절의 시기가 아니고 오늘의 유럽을 만드는 시초였고 고대를 계승한 문명이었다는 것이죠.

정치적, 철학적으로 중세의 가치는 인정되어야 합니다. 고대 세계가 막을 내리면서 역사적으로는 문명의 주인이 바뀌고, 로마 중심의 고대에서 벗어나 다양한 문화적인 역동과 운동력이 생겼으니까요.

중세 전체를 어둠의 시대로 단정할 수는 없지만, 교회의 암흑기인 것만은 분명합니다. 고대에서 중세로 넘어가면서 단절되지 않은 것은 고대 로마의 종교, 즉 기독교였습니다. 기독교는 서로마 멸망과 동로마 멸망이라는 거대한 사건을 통과하면서도 건재했어요. 서로마제국 멸망 이후에도 기독교는 유럽의 사상, 철학, 일상에 계속해서 영향을 주었습니다.

중세 이전의 교회, 즉 사도 시대의 교회는 예수 그리스도의 음성과 사도들의 교훈이 생생하게 들려오던 시대였습니다. 초대교회의 모습은 교회의 원형을 보여주며 이후의 모든 시대의 교회가 돌아가야 할 원천을 제공합니다. 그에 비해, 중세의 교회는 제국의 교회요 기독교 왕국으로서 지나치게 제도화되고 권력화되면서, 고대로부터 계승한 기독교 신앙이 변질되었다는 비난을 피할 수 없었습니다.

결국, 이슬람 제국인 오스만에 의해 동로마제국이 무너지면서, 중세시대 천년은 막을 내립니다. 1492년에 콜럼버스가 신대륙을 발견하면서 유럽인의 시선이 지중해를 넘어 더 크고 넓은 세계를 향하게 되었으니 더 이상 지중해를 두고 다툴 이유가 없어진 것이죠. 그리고 마르틴 루터가 비텐베르크 성당에 반박문을 게시하여 종교개혁의 불꽃이 점화된 1517년을 기점으로, 중세는 마감되고 근대라는 이름의 새로운 시대가 시작됩니다. 교회 역사라는 차원에서 중세는 틀림없는 암흑의 시대라는 오명을 씻기는 어렵습니다. 동이 트기 전, 가장 어두운 새벽이라 말할 수 있겠죠.

참고자료

• 『그레고리우스 7세부터 보니파키우스 8세까지』(교회사전집 제5권), 필립 샤프, 2004, CH북스
• 『중세 이야기』, 안인희, 지식서재, 2021.
• 『중세교회사』, 조셉 린치, 솔로몬, 2005.

AD 1095~1291
초승달과 십자가의 전쟁

#핫플예루살렘 #목숨건성지순례 #교황연설폭풍감동 #사자왕리처드
#허무한전쟁

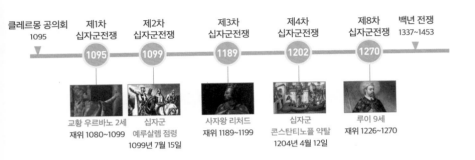

클레르몽 공의회
1095

제1차
십자군전쟁
1095

제2차
십자군전쟁
1099

제3차
십자군전쟁
1189

제4차
십자군전쟁
1202

제8차
십자군전쟁
1270

백년 전쟁
1337~1453

교황 우르바노 2세
재위 1080~1099

십자군
예루살렘 점령
1099년 7월 15일

사자왕 리처드
재위 1189~1199

십자군
콘스탄티노플 약탈
1204년 4월 12일

루이 9세
재위 1226~1270

인류의 역사는 전쟁의 역사라 말해도 크게 다르지 않습니
다. 선사시대부터 최근의 러시아-우크라이나 전쟁에 이르기까
지, 문명과 전쟁은 긴밀하게 상호작용하며 역사를 발전시켜 왔
습니다. 역사 속 수많은 전쟁 가운데 중세 후기에 시작된 역사
상 가장 길고도 치열했던 전쟁 이야기를 하려고 합니다. 뜻밖
에도 그 중심에 교회가 있었습니다.

진격의 예루살렘
11세기, 기독교와 이슬람 사이에는 팽팽한 긴장이 흘렀습니

다. 아랍 제국은 과학과 철학, 군사력에서 유럽에 필적할 상대로 성장해 있었어요. 서유럽을 중심으로 한 로마 기독교와 동쪽 아라비아 사막에서 시작된 이슬람. 이 두 거대 종교는 중동의 오래된 한 도시에서 충돌합니다. 인류 역사에서 종교적으로 가장 첨예하고 뜨거운 이 도시는 바로 예루살렘입니다.

예루살렘은 세계 3대 종교의 성지입니다. 유대교인에게는 아브라함이 이삭을 바친 산이요, 무슬림(이슬람교도)에게는 마호메트가 승천한 장소요, 기독교인에게는 예수님이 십자가에 못 박힌 골고다 언덕이 있는 성이죠. 중세 기독교인들에게 이 거룩한 도시를 방문하는 것은 신앙의 표현이자 '버킷 리스트'였어요. 10세기부터 예루살렘 순례자들이 급격히 증가했고 순례자들에게 쉼터를 제공하기 위한 수도원이 세워지고 호위병들이 동행하기 시작합니다.

그런데 여기서 문제가 발생합니다. 이슬람 왕조인 셀주크 제국이 예루살렘을 차지하게 된 것입니다.

빼앗긴 땅에도 봄은 오는가?

셀주크 제국은 기독교인들이 예루살렘 성지를 순례하는 것을 막았습니다. 예루살렘을 찾는 기독교 순례자들은 투르크 족에게 봉변을 당하기 일쑤였어요. 구사일생으로 목숨을 구한 순례자들은 고국으로 돌아가 울분을 토하며 이야기를 전했고, 그들의 이야기는 유럽 기독교인들의 분노를 촉발합니다.

설상가상으로 이슬람 세력은 동방 기독교의 수도 콘스탄티노플을 위협하기 시작합니다. 이슬람 세력과 국경을 마주하고

교회 다니면서 교회사도 몰라?

예루살렘

있던 비잔틴 제국의 황제는 이슬람의 진격을 막을 힘이 없었어
요. 다급해진 동로마의 황제는 로마의 교황에게 도움의 손길을
요청합니다. 비잔틴 황제의 편지를 받은 교황 우르바노 2세는
생각했습니다. '이제 때가 되었다!'

교황, 전쟁을 호소하다

교황에게는 절호의 기회였습니다. 이슬람과 싸워 예루살렘
을 되찾는다면 명실상부한 세계 교회의 지도자로 등극할 수 있
을 것이라 생각한 것이죠. 교황은 대규모 전쟁을 결심합니다.

수천 킬로미터 떨어진 예루살렘을 탈환하려면 유럽 대륙을
가로질러야 했습니다. 이 멀고 먼 원정길은 질병과 싸우며 온
갖 위협을 감수해야 하는 고난의 행군이었어요. 이 모든 위협
을 무릅쓰고 전쟁에 참여하려면 강력한 동기가 필요했습니다.
당시로서는 기독교인들의 신앙심을 자극해 이교도에 대한 분

전쟁을 호소하는 교황 우르바노 2세
(클레르몽 공의회)

노를 끌어내는 것이 최선이었어요.

1095년 11월, 프랑스 중부의 작은 마을 클레르몽에 수백 명의 교회 지도자들이 모였습니다. 이날, 클레르몽 공의회의 장소는 실내가 아닌 야외였습니다. 수천 개의 텐트가 성 밖을 가득 메우고 있었습니다. 카리스마 넘치는 연설가인 교황 우르바노 2세는 대성당 광장을 가득 메운 군중과 전 유럽의 교회들을 향하여 인생의 승부수가 될 연설을 시작합니다.

"저 이슬람 세력으로부터 동방의 형제 교회를 구해야 합니다. 유럽의 그리스도인들이여, 거룩한 땅 예루살렘을 더럽히고 있는 야만족들을 물리치고 성지를 되찾아야 합니다. 이것은 그리스도의 뜻입니다!"

교황의 간절한 호소에 청중들은 감동했습니다. 군중 사이에서 "신이 그것을 바라신다"라는 함성이 터져 나왔습니다. 이교도들을 성지에서 몰아내야 한다는 생각에 호전적인 봉건 영주들의 피가 끓어올랐습니다. 모험심과 정의감에 불타는 기사들은 칼을 빼 들었어요. 상인들은 동방의 신비한 향료와 보석을 얻을 생각에 가슴이 뛰었고, 노예들은 중세의 속박에서 벗어나 새로운 신분을 얻을 소망에 부풀었습니다. 거룩한 열망으로 유

교회 다니면서 교회사도 몰라?

럽 전체가 하나되었습니다. 수많은 기독교인이 예루살렘으로 향하는 군대에 동참하기 시작했습니다.

참자가들은 옷 위에 붉은색 십자가 표시를 붙였습니다. 그리스도를 위해 피 흘릴 각오도 했다는 의미였죠. 이 특별한 군대는 '십자군'Crusades이라고 불렸습니다. 이들은 성지 예루살렘을 향한 순례자들이었습니다. 그러나 지팡이 대신 칼을 들었다는 점에서 이전의 순례와는 확연히 달랐습니다. 크게 보면 십자군 전쟁은 유럽과 아시아의 대결이었고, 기독교 세계와 이슬람 세계의 충돌이었습니다. 두 신앙 간의 거대한 전쟁이 시작되었습니다.

> 십자군들은 중세의 가장 대표적인 장면 중 하나를 형성하며 종교적,
> 군사적 흥미뿐 아니라 로맨스적, 감상적 흥미까지 불러일으킨다.
> _ 필립 샤프, 『교회사전집 5』

제1차 십자군 전쟁(1095~1099년): 성지를 되찾다

1097년, 첫 번째 십자군이 예루살렘을 향해 출발합니다. 용맹한 노르만족이 앞장섰습니다. 호기롭게 원정을 시작했지만 예루살렘으로 가는 길은 멀고 험했어요. 이슬람 군대의 습격에 중간부터 크고 작은 전투가 끊이지 않았습니다. 철갑 옷으로 중무장한 십자군 병사들은 살인적인 더위와 싸우며 갈증을 견뎌야 했어요. 3년에 걸쳐 장장 5천 킬로미터를 행군하는 동안 군사는 4분의 1로 줄어들어 있었습니다.

1099년, 마침내 예루살렘에 도착합니다. 산 위에서 예루살

렘을 바라보자 오랜 원정으로 지쳐 있던 병사들의 가슴에 피가 끓어올랐습니다. 십자군 전쟁의 절정을 이루는 전투가 시작됩니다. 치열한 공방이 계속되었고, 1099년 7월 15일, 마침내 예루살렘을 함락했습니다. 기적 같은 승리였어요. 예루살렘 성안에 있던 이슬람 사원의 초승달은 제거되었고 대신 십자가가 세워졌습니다. 이어 이슬람 이교도에 대한 무자비한 학살이 뒤따랐습니다. 성안에 있던 3만 명의 주민 모두 잔혹하게 죽임당했습니다. 십자군의 예루살렘의 탈환은 이슬람 세계를 크게 자극했어요. 전쟁은 끝이 아니라 이제 시작이었습니다.

2차 십자군 전쟁(1147~1148년): 이슬람의 반격

예루살렘을 빼앗긴 이슬람은 기독교에 대한 반격을 시작합니다. 1144년, 기독교 영토였던 에데사가 이슬람에게 넘어갑니다. 에데사의 대주교와 지도자들은 처형되었고, 2만이 넘는 생존자들은 노예로 팔려갑니다. 무자비한 약탈과 학살 소식을 들은 유럽의 기독교인들은 충격과 분노를 참지 못했습니다. 그렇게 빼앗긴 에데사를 탈환하기 위한 두 번째 십자군이 소집되었습니다. 독실한 신자였던 프랑스 왕 루이 7세가 앞장섰고 3만 명의 십자군이 원정에 참가합니다. 그러나 이들은 이슬람의 거센 반격에 부딪혀 예루살렘에는 가보지도

예루살렘 함락(1099)

교회 다니면서 교회사도 몰라?

못하고 철수하고 맙니다.

이 시기에 이슬람 역사에 빛나는 영웅이 등장했으니 아랍 세계를 통일한 술탄 살라딘(재위 1174~1193)입니다. 수니파와 시아파로 분열되어 있던 이슬람 세계를 하나로 통일하고 이슬람 최고 사령관이 된 살라딘은 십자군을 이교도로 규정하고 '지하드'(jihad, 聖戰)를 선언합니다. 살라딘은 십자군에게 치명상을 입히려면 예루살렘을 노려야 한다는 것을 알고 있었습니다. 기병 1만 2천에 보병을 포함하여 4만 명의 대군을 이끌고 예루살렘으로 진격합니다. 맹렬한 살라딘의 군대는 병력과 사기에서 모두 십자군을 압도했어요.

1187년 10월 8일, 살라딘은 성지의 해방자로 예루살렘에 입성하고, 88년 만에 예루살렘은 다시 이슬람의 도시가 됩니다. 승리한 살라딘은 교회로 사용되던 예루살렘의 바위 사원에서 십자가를 떼어내고 벽면에 걸린 성화를 모두 제거합니다. 그렇게 이슬람에게는 승리를, 기독교에는 모욕을 선사합니다.

3차 십자군 전쟁(1189~1192년): 사자 왕 리처드 vs 술탄 살라딘

교황 우르바누스 3세는 이 치욕스러운 소식을 듣고 충격을 받아 사망합니다. 이후, 교황 클레멘스 3세는 예루살렘 재탈환을 위해 다시 십자군을 일으킵니다.

1189년에 시작된 3차 십자군에는 서유럽의 가장 강력한 군주 3인이 참전합니다. '붉은 수염'이라 불렸던 신성로마제국 황제 프리드리히 바르바로사, 프랑스 왕 필리프 2세, 그리고 훗날 '사자의 심장을 가진 왕'the Lionheart이라 불리게 되는 중세의 전설적인 영웅 리처드 1세(1157~1199)가 3차 십자군의 선봉에 서게 됩니다.

그렇게 사자왕 리처드와 술탄 살라딘이 만나게 되죠. 빼앗으려는 자와 지키려는 자, 두 전사는 예루살렘을 두고 으르렁거리는 두 마리의 맹수와 같았습니다. 각자의 신의 이름으로 선포한 이 전쟁에서 두 사람은 한 치의 물러섬도 없었습니다. 최첨단 무기로 무장한 리처드 왕의 군대는 이슬람 세계에 공포의 대상이었습니다. 도끼를 휘두르며 적진을 휘젓는 리처드 왕의 모습은 마치 농부가 낫으로 곡식을 베는 모습과 같았어요. 이에 맞서는 백전노장 살라딘은 아랍의 기술력을 총동원, 화약 폭탄을 개발하여 십자군에 대항했습니다. 이 불후의 맹장들은 1년간 서로 대치하며 격렬한 전투를 이어갔지만, 십자군은 끝내 예루살렘을 탈환하지 못합니다. 결국, 리처드 왕과 살라딘은 서로의 용맹을 인정하며 평화 조약을 맺었고, 리처드 왕은 유럽으로 돌아가게 됩니다.

4차 십자군 전쟁(1202~1204년): 형제끼리 싸우다

13세기가 시작되었을 때 교회의 지도자는 교황 이노센치우스 3세였습니다. 이노센치우스 교황이 주도한 4차 원정대의 목적지는 예루살렘이 아닌 이슬람의 본거지인 이집트였어요.

원정을 위해 베네치아에 머물던 십자군은 체류비와 뱃삯을 지급할 능력이 없었어요. 베네치아에 빚을 진 십자군은 지중해 무역을 차지하길 원했던 베네치아를 위해 같은 기독교 국가인 헝가리를 공격합니다. 십자군이 제멋대로 목적지를 변경하자

교회 다니면서 교회사도 몰라?

진노한 교황은 십자군을 파문해버립니다.

이때 비잔틴에서 추방되어 앙심을 품은 동로마 황제 알렉시오스 4세가 십자군을 찾아와 자신의 왕좌를 되찾아주는 조건으로 막대한 사례를 약속하며 콘스탄티노플을 공격할 것을 제안합니다.

이렇게, 4차 십자군은 동방의 형제인 비잔틴 제국의 수도 콘스탄티노플을 공격합니다. 이제 십자군은 역대 교황조차도 더이상 통제할 수 없는 이상한 군대가 되어버린 것입니다.

1204년 4월 12일, 십자군은 그렇게 콘스탄티노플을 점령합니다. 십자군들은 동방의 제국이 8백 년간 축적해온 보물과 문화재들을 무자비하게 약탈하고 파괴합니다. 성 소피아 성당에 난입하여 제단을 파괴하고, 장식품과 성상들을 훼손하기도 합니다. 십자군들은 콘스탄티노플에 라틴 제국을 세움으로써 겉으로는 동방교회와 서방교회에 굴복하여 하나된 것처럼 보였어

콘스탄티노플을 약탈하는 십자군(1204)

요. 그러나 두 교회의 갈등의 골은 더욱 깊어지고 있었습니다.

상처뿐인 전쟁

　중세 후기, 1095년에 시작되어 1291년까지, 유럽의 성직자, 제후, 기사는 물론이요, 상인과 농민까지, 유럽의 모든 계급이 모여 십자군을 결성하고 약 200년에 걸쳐 총 8차례의 십자군 전쟁이 진행되었습니다. 종교적 목적으로 칼을 들었던 이들은 한때 예루살렘 회복이라는 종교적 대의를 이루는 것처럼 보였어요. 그러나 1차 십자군이 품었던 신성한 동기는, 시간이 흐르면서 자신들의 이익과 욕구를 추구하는 방향으로 변질되어 갔습니다. 욕망과 피로 얼룩진 상처뿐인 전쟁이었습니다.

> **함께 봐요**
>
> 《킹덤 오브 헤븐》, 리들리 스콧 감독, 올랜도 블룸 · 에바 그린 · 에드워드 노튼 주연, 2005, 영화.
> 3차 십자군 전쟁 시 예루살렘 함락을 시대적 배경으로, 전쟁에 참여한 대장장이(올랜도 블룸)의 성장 스토리와, 살라딘에 맞서는 십자군의 전투를 그린 역사 시대물
>
> 〈십자군 원정 1-2부〉, 토크멘터리 전쟁史: 37부. 국방TV, 2017, 유튜브.
> 예루살렘을 둘러싼 기독교와 이슬람의 충돌로 시작된, 약 200여 년간 지속된 역사상 최장의 전쟁을 소개하는 다큐멘터리
>
> 『아이반호』, 월터 스콧 지음, 1819. 책.
> 제3차 십자군 원정이 끝난 1194년을 시작으로, 리처드 1세와 로빈 후드를 통해 12세기 잉글랜드를 중심으로 중세 유럽의 상황을 보여주는 역사소설

Q&A

Q. 십자군 전쟁이 남긴 결과는 무엇인가요?

A. 적어도 십자군 전쟁의 시작은 순수한 종교적 열정에서 출발한 자발적인 운동이었습니다. 그들이 목표했던 예루살렘을 되찾는 데 유일하게 성공했다는 면에서 1차 십자군 전쟁의 의미는 확실히 있습니다. 이 과정을 통해 유럽은 동방과의 교류를 통해 점차 중세에서 벗어나게 되고, 기사와 귀족 중심의 봉건제도가 붕괴하기 시작합니다. 이로 인해 르네상스가 가능해지며, 이는 유럽 문명의 발전과 근대로 나아가는 기반이 마련됩니다.

그러나 "신께서 원하신다"라는 호소로 시작된 이 전쟁은, 중세 후기로 가면서 더 이상 신의 뜻도 신의 도움도 개입할 여지가 없는 오직 인간들의 전쟁으로 전락합니다.

전쟁은 인간이 여러 난제를 한꺼번에 해결하려 할 때 떠올리는 아이디어다.
_시오노 나나미

십자군은 성지 예루살렘을 탈환하는 것에 실패했고, 이슬람 세력을 제압하지도 못했으며, 오히려 동방과 서방교회의 관계만 악화시켰습니다. 십자군의 야만성과 무자비한 폭력은 동방 주민들로 하여금 기독교에 대한 악한 이미지를 남겼고, 기독교와 이슬람의 증오는 더욱 깊어졌습니다.

> 십자군은 종교를 전쟁에, 전쟁을 종교에 이용했다.
> _필립 샤프

무엇보다 로마 교회는 전쟁을 위해 교리를 악용했습니다. 교황들은 십자군 전쟁에 참여한 사람들에게는 완전한 면죄가 주어진다고 가르쳤어요. 이전의 모든 죄와 악행을 없던 것으로 간주한다는 말에 범죄자와 무법자들은 앞다투어 십자군에 참여합니다. 교회의 잘못된 가르침을 받은 십자군들은 이 전쟁에서 죽는 것을 순교라고 생각했고 그들의 이름이 생명책에 새겨질 것이라 믿었습니다. 그들은 지상의 예루살렘을 하늘의 예루살렘으로 착각했습니다.

예수님은 눈에 보이는 예루살렘에 계시지 않는다는 사실을 깨달았을 때는 피비린내 나는 오랜 전쟁이 끝난 후였습니다. 십자군 전쟁은 중세 면죄부 교리를 급속히 발전시켰고, 교황의 권위를 더욱 공고히 하는 결과를 남겼습니다.

'크리스텐덤'Christendom은 기독교Christianity와 왕국Kingdom을 합친 말로, '기독교 왕국'이라는 뜻입니다. 11세기에 이르러 유럽 사회는 그야말로 '기독교 왕국'이 되었습니다. 카노사의 주역 그레고리우스 7세 교황은 교회를 '기독교 왕국의 전초기지'라고 불렀을 정도였으니까요. 중세 교회는 신앙 전파 목적이라면 다른 지역을 무력으로 정복할 수 있는 권리가 자신에게 있다고 여기게 되었어요.

십자군 전쟁은 신앙의 이름으로 헛된 욕망을 부추기고, 전쟁을 위해

교회 다니면서 교회사도 몰라?

구원을 파는 교회라는 오명을 남겼습니다. 교권을 강화하기 위해 교리를 왜곡하고, 정치적 목적을 위해 속죄를 남발했던 중세교회의 부끄러운 민낯을 적나라하게 보여주었습니다.

참고자료

- 『기독교의 역사』, 폴 존슨, 2013, 포이에마.
- 『십자군 이야기』, 시오노 나나미, 2011, 문학동네.
- 『그레고리우스 7세부터 보니파키우스 8세까지』(교회사전집 제5권), 필립 샤프, 2004, CH북스

12

AD 1321-1605
미켈란젤로를 만나다

#이런천재또없습니다 #고전에반하다 # 자체발광모나리자 #조각미남다윗
#라만차의기사_돈키호테

『신곡』　보카치오 『데카메론』 1353　금속활자　〈모나리자〉　〈다비드상〉　『우신예찬』　세익스피어 『햄릿』 1601

1321　　　1440　　1503　1504　1511

단테 알리기에리 1265~1321　　요하네스 구텐베르그 1398~1468　레오나르도 다 빈치 1452~1519　미켈란젤로 1475~1564　에라스무스 1466~1536

　　레오나르도 다 빈치, 미켈란젤로, 라파엘로. 그 이름만 들어
도 가슴이 웅장해지는 천재 예술가들이 쏟아져 나왔던 시대가
있습니다. 중세의 끝자락인 14세기 유럽에는 대체 무슨 일이
있었던 것일까요? 이탈리아에서 시작된 르네상스는 교회와 무
슨 관계가 있을까요?

변화의 바람이 불다

　　중세 후기를 피로 물들였던 십자군 전쟁이 끝나자 유럽은
안정을 되찾았습니다. 13세기 유럽에는 새로운 바람이 불어오

142　　　　　　　　　　　　　　교회 다니면서 교회사도 몰라?

기 시작했어요. 동방 제국의 수도 콘스탄티노플이 이슬람에 의해 멸망하자 동방의 학자들이 서유럽으로 피신합니다. 이 학자들은 유럽의 지식인들에게 신선한 자극이 되었고 새로운 지식에 대한 열망을 일으켰습니다. 중세의 수도원주의와 스콜라주의에 지쳐 있던 이들은, 인간의 열정과 지성을 중시했던 고대 그리스와 로마의 문화에 관심을 가지기 시작합니다.

그러나 고전을 연구하는 일은 간단치 않았죠. 새로운 책을 한 권 만들기 위해 일일이 손으로 옮겨 적어야 했던 시절이었기에 책을 구하는 것부터 쉽지 않았습니다. 뭔가 획기적인 방법이 필요했어요.

인쇄 혁명

1446년, 독일의 어떤 금세공업자가 구리를 녹여 금속 활자를 만드는 데 성공합니다. 청년 구텐베르크가 이룬 작은 업적은 시대를 바꾸는 불씨가 되었어요. 인쇄술의 발명은 고요하지만 거대한 변화였습니다. 그때부터 엄청난 양의 책들이 출간되기 시작합니다. 유럽 전역에 출판사들이 세워지고 도서관들이 건립되었는데, 유럽 전체에 10만 권에 불과했던 책은 인쇄술 발명 이후에 9백만 권에 이르게 됩니다.

이제, 누구나 쉽게 책과 만날 수 있고 쉽게 지식을 얻을 수 있는 시대가 된 것이죠. 고대 그리스와 로마의 위대한 고전 작품들을 오류가 거의 없는 인쇄본으로 읽을 수 있게 되었습니다. 고대의 문화를 바탕으로 새로운 문화를 창조하기 원했던 지식인들의 열정에 불을 붙인 격이었죠.

고대의 영웅들이 되살아났어요. 그리스 시인 호메로스의『일리아드』와『오디세이아』를 읽으며, 로마의 정치가 키케로의 웅변을 들으며, 그리스의 위대한 스승 플라톤을 만나면서 지적이고 예술적인 열정이 솟구치기 시작합니다. 이렇게 유럽은 중세라는 이름의 긴 겨울잠에서 깨어나기 시작합니다. 르네상스라 불리는 이 거대한 변화가 시작된 곳은 이탈리아였습니다.

이탈리아, 르네상스의 서막

이제 로마는 더 이상 세계의 지배자는 아니었지만 고대 로마 문명은 유럽인들에게는 여전한 로망이었어요. 이탈리아가 로마의 옛 영광을 고스란히 간직하고 있었기 때문입니다. 오랜 시간 동안 제국의 수도였던 이탈리아는 고대 로마의 유적으로 가득했어요. 어디를 가든 볼 수 있는 건축과 조각들은 고대 로마 문명에 대한 향수와 상상력을 자극했습니다.

특히 이탈리아의 피렌체는 경제적으로 풍요롭고 문학과 예술에 대한 욕구로 충만한 도시였어요. 변화와 진보의 정신으로 가득했던 이 도시는 단테와 레오나르도 다 빈치의 고향이고, 마키아벨리가『군주론』을 집필하고 미켈란젤로가 활동한 무대가 됩니다. 이탈리아의 지성인들은 인간의 학문과 예술을 통해 로마 교회가 중심이었던 중세로부터 벗어나고 싶었습니다.

'르네상스'Renaissance는 14~15세기 이탈리아를 배경으로 서유럽에서 일어난 문학과 예술의 부흥을 일컫는 말입니다. 이 프랑스어는 re('다시')와 naissance('탄생')의 합성어로, '재생'이라는 뜻입니다. 이 말은 기본적으로 고전의 재탄생을 의미했지만 단순한 재생은 아니었어요. 이전에 없던, 유럽의 사상가들을 매료시킬 만한 새롭고 흥미로운 문예 운동이 시작된 것입니다. 유럽의 공기가 확 달라졌습니다.

'원천으로'

'아드 폰테스'ad fontes는 '원천으로'라는 의미를 가진 라틴어입니다. 시냇물이 오염되었다면 맑은 물을 마시기 위해 흐르는 물을 따라 상류로 올라가야 하죠. 혼탁해진 중세로부터 거슬러 올라 서구 문명이 시작된 고전 시대로 돌아가자는 뜻을 담은 이 말은 르네상스의 슬로건이 되었습니다.

중세 말기에 이르면서 로마 교회는 더 이상 유럽인들에게 이상과 꿈을 제공하지 못했어요. 사람들은 고대의 문학 작품들을 고대의 언어로 읽고 연구하고 토론하기 시작했습니다. 고대의 언어인 그리스어, 라틴어, 히브리어로 기록된 책들이 재조명되기 시작합니다. 15세기에 이르자, 인문주의자들은 교회의 문서들, 즉 성경과 교부들의 저작을 재검토하기 시작했어요.

인간의 재발견

고전의 힘은 강력했습니다. 신약성경 원문인 그리스어 성경을 직접 번역하다 보니 가톨릭교회가 사용하던 히에로니무스의 불가타 성경의 수많은 오류를 발견하게 됩니다. 르네상스 학자들은 "더 위대한 지식을 통해 더 순수한 영적 진리로" 돌아가길 원했어요.

이제, 사람들은 로마 교회가 주도했던 중세 시대의 신 중심적 가치관에 가려져 있던 인간 본질을 다시 인식하게 되었습니다. 인간을 세상을 변화시키는 주체로, 하나님을 대신하여 보기 시작한 것입니다. 르네상스 시대의 유럽인들에게 로마 교회는 융통성이 없고 과거의 전통에 얽매인 옛 질서였습니다. 이제 유럽인들은 로마 기독교에서 벗어나기 시작했습니다. 유럽 사회에는 새로운 흐름이 시작되고 있었습니다.

문학과 예술의 전성시대

문학과 예술의 폭발적인 부흥의 시대가 도래합니다. 그 선두에는 14세기 이탈리아 3대 작가로 꼽히는 단테, 페트라르카, 보카치오가 있습니다.

13세기 이탈리아 천재 시인 단테 알리기에리(1265~1321)는 위대한 서사시 『신곡』을 집필하면서 로마 교회의 언어인 라틴어가 아닌 이탈리아의 지방 언어를 사용하는 과감성을 보여줍니다. 『신곡』 속에 그의 연인 베아트리체와 함께, 타락한 사제들과 탐욕스러운 상인들을 등장시켜 중세 말기를 비판합니다. 중세를 그대로 담은 축소판이자 근대의 자유로운 신세계로 인도하는 안내자 같은 작품에 대중은 환호했습니다.

이탈리아 시인이자 작가인 페트라르카(1304~1374)는 최후의 중세인이자 최초의 르네상스인으로 불립니다. 고전문헌을 깊이 연구하던 그는 그리스와 로마 작가들의 문학적 세련미에 감탄합니다. 키케로와 베르길리우스의 수사학에 빠져들었고, 플라톤에 심취했으며, 성경 해석에서 중세 스콜라 학자들이 아닌 어거스틴의 해석을 따랐습니다. 그가 이탈리아어로 집필한 서정시집 『칸초니에레』는 중세의 정신에서 벗어나 인간의 사랑을 노래하는 새로운 시대의 탄생을 알렸습니다.

이탈리아 소설가 조반니 보카치오(1313~1375) 역시 고전에 대한 열정이라면 뒤지지 않았습니다. 『데카메론』을 통해 흑사병이 퍼진 피렌체를 배경으로 중세의 관점에서 벗어나 인간을 새롭고 세밀하게 묘사합니다. 이 작품은 중세교회 사제들의 실상, 결혼과 고해 제도, 수도원주의에 대한 풍자와 비판으로 채워져 있습니다.

유럽의 독자들은 해학 넘치고 읽기 쉬운 글들에 빠져들었어요. 이 재기 넘치는 천재 작가들이 풍자의 대상으로 삼은 것은 중세 말기의 교회였습니다. 더 이상 교회는 경외의 대상이 아니었어요.

레오나르도 다 빈치 & 미켈란젤로

르네상스 예술의 절정은 미술가들에 의해 이루어졌어요. 인류 역사에 어디에도 없던 천재 미술가들이 등장합니다.

레오나르도 다 빈치(1452~1519)는 1452년 이탈리아 산골마을에서 태어났습니다. 피렌체를 중심으로 활약한 다 빈치는 이탈리아를 대표하는 미술가일 뿐 아니라, 과학자이며 수학자

〈모나리자〉, 레오나르도 다 빈치

요 천문학자요 동시에 도시 건축가였어요. 〈모나리자〉, 〈최후의 만찬〉과 같은 세기의 미술 작품뿐 아니라, 인간의 신체 구조를 세밀하게 연구했고, 탁월한 수학적인 연구로 업적을 남겼습니다. 인류가 낳은 가장 위대한 예술가로 평가받는 그는 로마 교회가 통제했던 미술계에 새로운 영감을 불어넣은 천재였습니다.

1475년 이탈리아 카프레세에서 태어난 미켈란젤로는 90년을 살면서 수많은 위대한 작품을 남긴 르네상스 미술의 전설적 인물입니다. 그의 재능을 탐낸 율리우스 2세 교황은 그에게 교회에 그림을 그리고 조각을 하게 했어요. 이 천재의 스케치북은 바티칸 성당의 벽과 천장이었죠. 아담에게 생명을 불어넣는 순간을 그린 〈천지창조〉, 예수님을 품에 안은 마리아를 묘사한 〈피에타〉, 골리앗과 맞서는 다윗을 표현한 〈다비드상〉 등은 설명이 필요 없는 명작들입니다. 성경 이야기와 인물을 작품 주제로 하고 있지만, 그 속에서 인간의 육체를 섬세하고 아름답게 표현함으로써 인문주의의 정신을 담은 르네상스 미술은 절정에 이릅니다.

르네상스, 알프스를 넘다

16세기가 되자 르네상스는 이탈리아를 넘어 전 유럽으로 확

교회 다니면서 교회사도 몰라?

〈천지창조〉, 미켈란젤로

산합니다. 네덜란드의 인문주의자 에라스무스(1466~1536)는 "인문주의자들의 왕자"라고 불립니다. 라틴어와 헬라어를 능숙하게 구사하는 이 고전 학자는 교부 시대의 작품들과 헬라어 신약성경의 원문을 번역했어요. 동시에 방대한 분량의 책들을 집필했는데, 풍자와 위트가 있는 그의 글은 대중의 마음을 사로잡아 베스트셀러 작가로 유명세를 얻습니다.

에라스무스는 로마 교황청을 방문했을 때, 면죄부 판매와 성직자들의 계급 구조, 돈으로 쌓은 공적으로 구원을 얻을 수 있다는 가르침에 환멸을 느낍니다. 1511년, 그는 『우신예찬』을 통해 로마 교회의 타락상을 날카롭게 비판합니다. 당시 교황 율리우스 2세를 "인간의 제도를 전복하기 위해 돈을 뿌리는 등 온갖 악행을 저지르며 피곤에 지쳐 있는 한 늙은이"로 묘사합니다. 이 책은 그의 생전에만 39판을 찍을 정도로 인기가 대단했습니다. 에라스무스는 새로운 학문이 세상을 변화시킬 것

〈돈 키호테〉, 세르반테스

을 꿈꾸었으나, 안타깝게
도 살아생전에는 그 모습
을 목도하지 못합니다.

영국의 극작가요 세계
적인 문호인 셰익스피어
는 세기의 비극 『햄릿』을
통해 인간의 감정을 다양
하고 풍성하게 묘사했습
니다. 에스파니아의 세르
반테스는 최초의 근대 소설이라 평가받는 『돈 키호테』에서 중
세의 기사를 우스꽝스럽게 풍자함으로써 이제 더 이상 기사를
동경하지 않는, 새로운 시대가 시작되었음을 알렸습니다.

르네상스와 교회

고전 언어의 연구와 인쇄술의 발달이 교회에 미친 영향은
대단했습니다. 평신도들이 성직자의 도움 없이 성경을 읽을 수
있게 되자 성직자들의 권위는 크게 약화됩니다. 유럽의 성도들
은 자신의 모국어로 성경이 번역되기를 원했고, 로마 가톨릭은
이를 막으려고 합니다. 로마 교회는 이미 9세기 초부터 성경
해석의 권리는 오직 교회에 있다고 주장했고, 1080년경부터는
평신도들에게서 성경을 읽을 수 있는 자격을 박탈했죠.

이제, 르네상스의 바람을 타고 유럽 각국의 언어로 성경이
번역되고 인쇄되어 대중에게 보급되기 시작합니다. 루터가 신
약성경을 독일어로 출간했던 1522년, 독일에는 이미 14종의

교회 다니면서 교회사도 몰라?

성경이, 네덜란드에서는 4종의 성경이 유통되고 있었습니다.

인문주의자들의 눈에 비친 중세 후기 교회는 성경이 보여주는 교회와 너무나 달랐습니다. 르네상스의 바람이 불어오자 중세라는 이름의 거대한 빙하가 녹기 시작합니다. 중세 로마 교회가 만들어놓은 질서와 세계관에 균열이 시작된 것입니다. 요새와 같았던 기독교 왕국의 위상이 흔들리고 있었어요. 유럽 사회 모든 영역이 변화되고 있었고, 이제는 가장 변화가 필요한 곳이 남은 상황이었습니다. 그것은 바로 교회였습니다.

함께 봐요

《세계테마기행: 이탈리아 르네상스 기행》, EBS 다큐, 2016, 다큐멘터리.
이탈리아의 도시 피렌체와 베네치아의 유적들을 통해 르네상스를 돌아본다. 거장 미켈란젤로의 위대한 여정을 따라가는 기행 다큐멘터리

《메디치: 피렌체의 지배자들》, 파니아 페트로키 감독. 더스틴 호프먼·스튜어트 마틴 주연, 2016, TV 드라마.
15세기 이탈리아 르네상스의 심장 피렌체를 배경으로 메디치 가문의 두 형제인 코시모와 로렌초의 이야기를 그린 드라마

Q. 왜 이탈리아에서 르네상스가 시작되었을까요?

A. 르네상스는 로마의 상속자인 이탈리아에서 봇물이 터지듯 시작되었습니다. 몇 가지 이유가 있습니다.

첫 번째는, 지리적인 이유가 있었습니다. 이탈리아는 중세 철학의 영향으로부터 비교적 자유로운 곳이었습니다. 중세를 지배했던 스콜라 철학은 유럽 북부를 중심으로 영향을 발휘했을 뿐, 이탈리아반도는 예외였습니다. 이탈리아는 고대 로마의 유적을 고스란히 품은 곳이었지요. 곳곳에 가득한 로마의 건축물과 예술품들은 르네상스 인문주의자들에게 고대의 찬란했던 영광을 소환하는 자극제였습니다. 그리고 1453년 동로마제국 멸망 이후, 비잔틴의 지성인들과 예술가들이 콘스탄티노플을 떠나 이탈리아에 거주하면서, 고전과 그리스어에 대한 관심이 급증합니다. 동로마제국과 교류가 활발했던 이탈리아에는 고대 그리스와 로마의 문헌들이 잘 보관되어 있기도 했습니다.

다음은 정치적인 이유입니다. 서로마 멸망 이후로 19세기에 이르기까지 이탈리아반도에는 통일 국가가 세워지지 못합니다. 중세 유럽의 봉건제가 유독 이탈리아에서는 발전하지 못했어요. 이탈리아반도는 여러 도시국가로 분열되어 있었고, 중세를 지나는 동안 권력의 공백은 지위가 급격히 상승한 상인 계급이 채웠습니다. 대표적인 사례가 피렌체 공화국의 메디치 가문입니다.

피렌체 두오모 성당

은행가이자 상인이었던 메디치는 피렌체 최고의 부자였어요. 그의 후손인 메디치 가문은 13~17세기까지 네 명의 교황과 통치자를 배출하여 사실상 피렌체의 지배계급이었습니다. 메디치 가문은 도시의 예술과 학문, 건축과 관련해 전폭적으로 후원했고, 그 결과 피렌체에서 르네상스는 화려하게 꽃피웁니다.

그 흔적들은 메디치 가문의 저택인 팔라초 메디치, 베키오 궁전과 베키오 다리, 시뇨리아 광장 등 피렌체 곳곳에 고스란히 남아 있습니다. 특히, 메디치 가문의 후원을 받은 브루넬레스키가 돔 형식의 지붕을 채택하여 건축한 두오모 성당은 세계 여행자들이 사랑하는 피렌체의 랜드마크가 되었습니다. 언젠가 여러분이 이탈리아 피렌체에서 붉고 둥근 지붕의 교회를 보게 된다면, 메디치 르네상스의 전성기를 떠올리게 되실 것입니다.

1494년, 프랑스가 피렌체를 침공하면서 피렌체의 르네상스는 막을 내립니다. 이후 피렌체의 예술가들은 대거 로마로 이동합니다. 이후 르네상스의 상징적인 인물인 레오나르도 다 빈치, 미켈란젤로, 라파엘로 등이 로마를 중심으로 활동합니다.

> 오랜 개기일식 후 태양이 찬란히 빛나듯, 이탈리아는 역사와 문학에서 누렸던 과거의 영광을 다시 한번 빛냈다. 이탈리아인들의 아름다움에 대한 숭배가 그들의 혈맥을 흐르며, 다시 한번 자유롭게 발휘되기 시작했다.
>
> _필립 샤프

참고자료

• 『기독교의 역사』, 알리스터 맥그라스, 2016, 포이에마.
• 『청소년을 위한 세계사』(서양편/동양편), 이강무, 휴머니스트, 2014.
• 『보니파키우스 8세부터 루터까지』(교회사전집 제6권), 필립 샤프, 2004, CH북스

AD 1475-1572
13 거룩한 반항아들

#면죄부판매왕_테첼 #종교개혁3인방 #성경왜읽지를못하니 #리스펙트_칼빈
#멋짐폭발_제네바

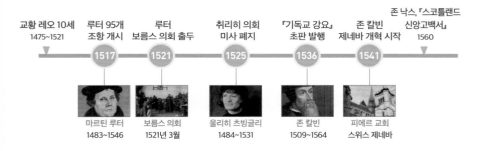

교황 레오 10세 1475~1521	루터 95개 조항 개시	루터 보름스 의회 출두	취리히 의회 미사 폐지	『기독교 강요』 초판 발행	존 칼빈 제네바 개혁 시작	존 낙스, 『스코틀랜드 신앙고백서』 1560
	1517	1521	1525	1536	1541	
	마르틴 루터 1483~1546	보름스 의회 1521년 3월	울리히 츠빙글리 1484~1531	존 칼빈 1509~1564	피에르 교회 스위스 제네바	

이보다 더 나쁠 수는 없었습니다. 중세가 끝날 무렵, 교황과
사제들의 부패와 부도덕이 넘쳐났고 교회의 타락과 잘못된 가
르침으로 사회는 혼란스러웠어요. 교회는 새로워져야 했습니
다. 고전으로 돌아가 재생과 부흥을 이루자는 르네상스 정신은
이제 종교에 초점을 맞추기 시작합니다. 그리고 1517년, 교회
역사의 물줄기를 바꾸는 사건이 발생합니다.

타락하는 교회
르네상스 시대의 교황들은 돈과 권력에 집착했습니다. 교황 알렉산더는 사생아를 7명이나 낳고도 뇌물을 통해 교황으로 당선됩니다. 프랑스 대주교 앙투안 뒤프라는 교회에 무관심했어요. 이 무책임한 주교는 자신의 성당 미사에 단 한 번 참석했는데 그것은 바로 자신의 장례식이었습니다. 사보이아 공작 아마데우스 8세는 자신의 아들을 제네바시의 주교로 임명했는데, 이때 아들의 나이는 고작 8살이었어요.

교회 재정을 위해 성직을 돈으로 사고파는 일이 생기면서 자격 미달의 사제들이 교회 안으로 들어오기 시작합니다. 글을 읽지 못하는 사제들이 미사를 암기해서 집례하다가 내용을 잊어버려 허둥지둥하는 웃지 못할 일들이 일어났어요. 그렇게 16세기로 접어들면서, 중세교회 타락의 절정을 이루는 사건이 일어납니다. 그것은 윤리의 문제가 아닌 교리의 문제였습니다.

구원을 팝니다: 연옥과 면죄부

독일의 최고 연설가요 면죄부 판매 위원장인 요한 테첼이 교황의 휘장을 앞세우고 나타났습니다.

"면죄부는 하나님의 고귀하고 소중한 선물입니다. 여러분의 부모 형제가 연옥의 고통 중에 울부짖는 소리가 들리지 않습니까? '찰랑' 하고 동전이 돈궤에 떨어지는 순간 연옥에서 고생하던 영혼은 천국으로 뛰어오릅니다." 테첼의 연설에 감동받은 사람들은 면죄부를 사기 위해 구름처럼 몰려들었습니다.

중세 가톨릭교회는 연옥 교리를 가르쳤습니다. 연옥에서 죗값을 치르고 나면 천국으로 갈 수 있다는 것입니다. 사제들은 연옥에 있는 영혼들이 머물러야 하는 기간을 계산한 다음, 면

교회 다니면서 교회사도 몰라?

제받을 수 있는 기간을 돈으로 산정했습니다. 죄 용서를 돈으로 살 수 있게 된 것입니다. 교황이 발행하는 이 신비한 문서는 '면죄부'라고 불렸습니다.

면죄부를 팔고 있는 테첼(1501)

유럽 전역의 교회에서 면죄부 판매가 시작되었고 거액의 판매금이 교회 금고에 쌓이기 시작합니다. 면죄부는 교회가 주도하는 사업과 건축을 위한 중요한 수입원이 되었습니다. 세속적인 교황 율리우스 2세와 레오 10세가 성 베드로 성당 건축을 위해 선택한 방법 역시 더 많은 면죄부를 발행하여 판매하는 것이었죠. 돈을 내고 면죄부를 사면 죄를 용서받을 수 있다는 이 이상한 교리는 중세교회 타락의 절정을 보여줍니다. 그리고 독일의 한 시골 마을에서 이 타락의 물줄기를 막아설 영웅이 탄생합니다.

루터, 진리를 깨닫자 열린 새로운 길

마르틴 루터는 1483년 11월 10일, 독일 하르츠산맥의 한 탄광 마을에서 태어났습니다. 친구가 벼락에 갑자기 맞아 사망한 일로 그의 인생은 완전히 변합니다. 천둥 번개를 만난 루터는 두려움에 떨며 외쳤습니다. "도와주소서, 성 안나여!" 그는 중세 교회의 가르침에 따라 성인들이 보호해줄 것이라는 믿음으로 수도사가 되기로 결심합니다.

마르틴 루터(1483~1546)

교리적으로 불순한 글을 썼다는 이유로 비텐베르크성 탑에 감금되어 있던 루터는, 어느 날 밤 위대한 깨달음을 얻게 됩니다. "Sola Fide, 오직 믿음." 믿음으로 구원을 받는다는 진리에 확신을 얻은 루터가 볼 때 로마 가톨릭교회는 오류 투성이었습니다.

특히, 교황의 주도로 이루어지고 있던 면죄부 판매를 바라보는 루터의 눈에는 불꽃이 튀었습니다. 루터는 대주교 알베르트에게 면죄부 판매에 항의하는 편지를 보냅니다. 그리고 이 문제에 대한 공개 토론을 제안합니다.

1517년 10월 31일, 비텐베르크 교회 문에 루터가 붙인 〈95개 조 반박문〉은 훗날 종교개혁Reformation이라 불리게 될 역사적 사건의 도화선이 되었습니다.

교황의 반격

당시 지식인들과 성직자들은 라틴어를 사용했지만 민중의 언어는 독일어였습니다. 많은 사람이 간결하고 위트 있는 독일어로 쓰인 루터의 글을 읽고 가톨릭교회를 비판하는 그의 생각에 동조하기 시작합니다. 루터는 독일의 국민 영웅이 되어가고 있었습니다. 이에 교황은 심기가 불편해집니다. 교황은 루터에게 경고장을 보냈지만, 루터는 사람들 앞에서 불살라버리

교회 다니면서 교회사도 몰라?

죠. 돌이킬 수 없는 전쟁의 시작이었어요. 분노한 교황은 루터를 파문하고 보름스 의회에 출두할 것을 명령합니다.

보름스 의회

황제가 보낸 사신이 말을 타고 앞장섰고 덮개 없는 마차를 탄 루터가 그 뒤를 따르고 있습니다. 사람들은 걱정스러운 눈빛으로 루터를 바라봅니다. 이미 체코의 개혁자 얀 후스나 영국의 성경 번역가 윌리엄 틴데일 같은 종교 개혁가들이 붙잡힌 즉시 고문과 화형을 당한 전례가 있었기 때문입니다. 그러나 루터는 단호했어요. "지붕 위의 기왓장들만큼 많은 악마가 나를 기다리고 있다 해도 나는 보름스로 가고야 말겠네."

1521년 4월 16일, 루터가 보름스에 도착하자 도시는 흥분에 휩싸였습니다.

보름스 의회에 출두한 루터(1521)

황제 카를 5세와 교황의 특사들을 포함하여 교회와 국가의 권력자들이 루터를 내려다보았고, 2만 명의 대중이 그를 지켜보고 있었습니다. 교황의 대사는 루터가 쓴 책을 가리키며 그 안에 있는 내용을 취소할 것인지 물었습니다. 중세 최고 권력자인 교황의 앞이었지만 그는 물러서지 않았습니다. 그리고 교회 역사에 길이 남을 위대한 선언을 합니다.

"나의 양심은 하나님의 말씀에 사로잡혀 있습니다. 나는 어떤 것도 철회할 수 없고, 철회하지도 않을 것입니다! 내가 여기 서 있습니다. 하나님, 나를 도우소서!"

천 년간 그 몸집을 불려온 거대 공룡인 로마 가톨릭과 그 앞에선 수도사 루터의 모습은, 마치 골리앗 앞에서 조금의 물러섬이 없었던 소년 다윗의 모습과 같았습니다.

프로테스탄트, 무엇을 향한 저항인가?

1529년, 오스만 제국의 군대가 오스트리아 빈을 포위했다는 소식이 들려옵니다. 이를 위해 '슈파이어 의회'가 소집됩니다. 이 의회는 외부적으로는 이슬람의 위협과, 내부적으로는 종교 개혁의 도전 앞에서 교회와 국가의 안전을 위한다는 이유로 루터의 주장을 받아들이지 않기로 결의합니다.

그러나 6명의 제후와 도시의 대표자 14인은 이 강압적인 조치를 받아들일 수 없었어요. 이들은 종교의 자유를 제약하는 조치에 공식적으로 항의했습니다. 세상은 이들을 '프로테스탄트'protestant, 즉 '항의하는 자들'이라고 불렀고, 이 용어는 곧 유럽 전역의 개혁자들에게 적용되기 시작합니다. 중세교회에

교회 다니면서 교회사도 몰라?

대한 저항자들을 부르던 이 호칭은 개신교(프로테스탄트)의 시작을 알렸습니다.

독일에서 루터의 개혁이 시작되고 있을 무렵, 스위스에서는 또 한 명의 개혁자가 등장합니다.

실천적인 개혁자 울리히 츠빙글리

스위스 동부 칸톤에서 태어난 츠빙글리는 대학에서 공부하면서 인문주의자들의 영향을 받게 됩니다. 1506년에 사제가 된 츠빙글리는 에라스무스의 그리스어 성경을 읽고, 초기 기독교 문서들을 그리스어와 라틴어로 연구하면서 교회 개혁의 필요성을 느낍니다.

1519년, 취리히 대성당의 사제로 부임한 츠빙글리는 가톨릭 미사의 전통에 도전하며 마태복음을 설교하기 시작합니다. 그는 설교를 통해 성인 숭배, 금식 관습, 마리아 숭배를 포함한 가톨릭의 전통적 관습에 대해 반박합니다. 설교를 들은 청중들은 "이러한 설교는 이전에 들어본 적이 없다"라고 감탄합니다.

1523년 1월, 가톨릭 지도자들은 츠빙글리를 시의회로 소환하여 논쟁을 벌입니다. 히브리어와 그리스어에 능통하고 라틴어를 능숙하게 구사하는 츠빙글

울리히 츠빙글리(1484~1531)

리는 성경을 근거로 그 모든 논쟁에서 승리합니다.

이후 츠빙글리는 그의 사상을 실행에 옮기기 시작해요. 취리히 시의회의 협조와 시민들의 지지 속에서 교회 성화, 제단의 초, 장식물, 성상과 성인의 유물들이 제거되었습니다. 1525년 4월, 취리히 시의회는 미사 폐지를 결정합니다. 미사는 사라지고 복음 설교가 그 자리를 대체하게 된 것입니다. 츠빙글리는 성경이 말하는 교회를 꿈꾸었고, 그 꿈을 이루어낸 실천하는 개혁가였습니다.

칼빈, 천재의 등장

루터와 츠빙글리가 독일과 스위스에서 개혁의 꽃을 피울 무렵, 프랑스에서 또 한 명의 개혁자가 탄생합니다. 1509년 7월 10일, 파리 동북쪽 성자들의 도시 누아용에서 태어난 이 천재

존 칼빈(1509~1564)

의 이름은 존 칼빈입니다. 그는 꼼꼼하고 책임감이 강한 모범생으로, 뛰어난 학업 성과로 교수들을 대신해 강의를 진행할 만큼의 실력을 가지고 있었습니다. 신학과 법을 전공한 칼빈은 중세 가톨릭에 대항하여 새로운 기독교 체계를 구축하는 데 최적의 인물이었습니다. 그는 파리에서 학문을 공부하는 과정에서 개혁 사상에 영향을 받기 시작했습니다.

교회 다니면서 교회사도 몰라?

칼빈이 사역했던 피에르 교회(스위스 제네바)

제네바의 개혁자

1531년 11월 1일, 니콜라 콥이 파리 대학교 총장으로 취임합니다. 새 총장의 취임 연설은 엄청난 파장을 일으켰습니다. 그 내용 속에 개혁자 마르틴 루터의 사상이 담겨 있었기 때문입니다. 연설문을 칼빈이 작성했다는 의혹이 제기되었고, 프랑스 국왕 프랑수아 1세는 칼빈을 "저주받은 루터 이단"이라 부르며 박해하기 시작합니다. 칼빈은 파리를 떠나야 했습니다.

1535년, 스위스로 피신하게 된 칼빈은 열정적인 종교개혁자가 되어 있었습니다. 개혁의 반대에 부딪혀 추방당했다가 1541년 다시 제네바로 돌아오게 됩니다.

그리고 제네바에 머무르는 10년 동안, 종교개혁의 원리와 민주주의 기초 위에 새로운 교회 조직을 만들게 됩니다. 그리

고 제네바 아카데미를 설립해 종교개혁 사상으로 새 시대를 이
끌 목회자들을 양성합니다. 칼빈의 제네바는 중세 가톨릭으로
부터 벗어나 종교개혁의 원리로 탄생한 새로운 도시였습니다.
존 낙스는 칼빈의 제네바를 "사도들의 시대 이후 이 땅에 존재
한 가장 완전한 그리스도의 학교"라고 평가했습니다.

칼빈의 첫 번째 업적이 제네바였다면, 두 번째 업적은 『기
독교 강요』라는 책을 저술한 것입니다. 기독교 강요가 출판되
자 로마 가톨릭의 지도자들은 이 불순한 책을 불태우고 박해했
지만 인쇄된 책과 함께 종교개혁 사상은 전 유럽으로 산불처럼
퍼져나갔습니다.

원래 『기독교 강요』는 프랑스에서 박해당하던 개신교 성도
들을 위해 쓰인 책이었습니다. 프랑수아 1세에게 헌정된 이 위
대한 책은, 중세교회의 교리적인 오류들을 지적하고, 성경이
말하는 기독교에 대한 체계적인 해설과 진리에 대한 불타는 열
망이 담겨 있습니다.

루터와 츠빙글리가 종교개혁의 1세대라면, 칼빈은 그 뒤를
잇는 2세대 인물입니다. 칼빈은 어거스틴의 전통을 따르는 동
시에 이를 예정 교리로 발전시키고 구원론과 은혜론을 포함하
여 기독교 교리의 토대를 구축합니다. 이뿐 아니라, 칼빈은 정
치적으로 민주주의를 높이 평가했고, 경제적으로는 막스 베버
의 『프로테스탄트 윤리와 자본주의 정신』에 근거를 제공하여
자본주의 발흥에 영향을 끼칩니다. 칼빈의 영향력은 종교의
영역을 넘어 서구세계 전체와 근대 사회 형성에 크게 기여합
니다.

교회 다니면서 교회사도 몰라?

개혁은 계속된다

루터가 심은 종교개혁의 씨앗은 츠빙글리에 의해 싹이 트고 칼빈에 이르러 만개합니다. 루터와 츠빙글리가 잘못된 교회를 허물었다면, 칼빈은 그 폐허 위에 바른 교회를 건설한 인물이 었습니다. 인문주의자들이 고전으로 돌아가 그리스와 로마의 정신을 받아들였다면, 종교개혁자들은 원어 성경으로 돌아가 초대 기독교의 정신을 받아들인 것입니다. 16세기 종교개혁과 함께 중세는 마감되고 유럽 사회는 근대 사회로 접어들게 됩니다. 종교개혁 정신은 이후 새로운 시대를 이끄는 추진력이 되었습니다. 교회가 변하자 세상이 변한 것입니다.

함께 봐요

《루터》, 루터 감독. 조지프 파인스 · 앨프리드 몰리나 주연, 2003, 영화.
16세기 유럽, 독일청년 마르틴 루터는 아버지의 반대를 무릅쓰고 신부가 된다. 로마에 가게 된 루터는 물질주의에 빠져 타락한 교회의 민낯을 보고 분노한다. 절대 권력에 맞선 종교개혁가 루터의 일생을 다룬 전기 영화

《다시 쓰는 루터 로드》, CBS 다큐, CBSJOY, 2017, 다큐멘터리.
500년 전 종교개혁의 배경과 마르틴 루터가 부패한 교권 세력에 맞서 종교개혁의 깃발을 올린 이유를 찾아가는 종교개혁 500주년 특집 영상

Q&A

Q. 면죄부 판매는 왜 잘못된 거예요?

A. '면죄부'(라틴어 indulgentia, '인둘켄디아')는 죄인의 사면이나 형벌의 면제를 뜻하는 로마의 법률 용어입니다. 벌을 면하게 한다는 뜻으로 '면벌부'라고도 부릅니다. 로마가 범죄자들에게 적용한 이 법률을 중세 로마 교회는 종교적 죄인들에게 적용했습니다. 교회나 자선 기관에 돈을 기부한 것을 근거로 죄에 대한 형벌을 면제해주도록 한 것입니다. 영원한 형벌을 면하고 연옥에서 해방될 수 있다는 이 교리는 중세 스콜라 신학자들, 특히 토마스 아퀴나스(1225-1274)에 의해 정당화되었습니다. 이전에는 없던 이 새로운 교리는 효력이 대단했습니다.

1506년에는 성베드로대성당 건축이 시작됩니다. 엄청난 재정이 소요되는 건축을 지휘했던 교황에게 면죄부 판매는 황금알을 낳는 거위와

면죄부(indulgentia)

같았습니다. 교황 레오 10세는 독일의 한 지역에서 면죄부 판매를 마인츠 대주교인 알브레히트에게 맡깁니다. 화려한 음악과 파티에 빠져 있었던 이 사치스러운 주교는 면죄부 판매 책임자로 도미니크 수도회 소속의 요한 테첼을 임명하죠. 테첼은 화려한 대동하여 온 유럽을 다니며 청

교회 다니면서 교회사도 몰라?

중들에게 면죄부에 관해 설교했습니다. 설교가 끝나면 청중들은 돈을 헌금하고 면죄부를 받을 수 있었습니다. 청중들은 손에 쥔 면죄부를 천국으로 가는 통행증으로 생각했습니다.

면죄부를 팔고 있는 수도사, 그를 임명한 대주교, 이를 지시한 교황 그리고 면죄부를 사기 위해 줄을 서 있는 백성의 모습은 중세 말기 교회를 보여주는 상징적인 장면입니다. 루터가 면죄부를 사고파는 교회의 모습에 분노하면서 종교개혁이 시작된 것과, 예수 그리스도가 성전에서 장사하는 사람들에게 분노하면서 교회 역사가 시작된 것은 결코 우연이 아닐 것입니다.

루터의 종교개혁은 결국 "면죄부"라는 이 교리적인 화두에서 진실을 찾기 원했던 결과라 말할 수 있습니다. 중세교회 권력의 정점에서 가능했던 이 면죄부가 오히려 종교개혁을 촉발시키는 트리거trigger가 되었으니, 역사의 아이러니가 아닐까요.

참고자료

- 『기독교의 역사』, 알리스터 맥그라스, 2016, 포이에마.
- 『기독교의 역사』, 폴 존슨, 2013, 포이에마.
- 『독일 종교개혁』(교회사전집 제7권), 필립 샤프, 2004, CH북스.
- 『스위스 종교개혁』(교회사전집 제8권), 필립 샤프, 2004, CH북스.

AD 1509-1648

14 교회 vs 교회

#영국왕실_막장드라마 #걸크러쉬_메리여왕 #화형은너무해 #천로역정_메가히트 #청교도_언약도_위그노

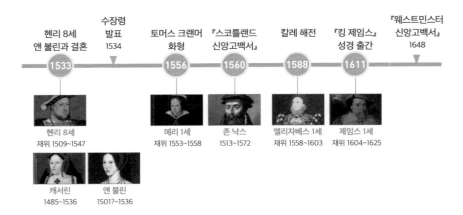

헨리 8세 앤 불린과 결혼	수장령 발표 1534	토머스 크랜머 화형	『스코틀랜드 신앙고백서』	칼레 해전	『킹 제임스』 성경 출간	『웨스트민스터 신앙고백서』 1648
1533		**1556**	**1560**	**1588**	**1611**	

헨리 8세
재위 1509~1547

메리 1세
재위 1553~1558

존 낙스
1513~1572

엘리자베스 1세
재위 1558~1603

제임스 1세
재위 1604~1625

캐서린
1485~1536

앤 불린
1501?~1536

종교개혁의 영웅들이 개혁의 깃발을 휘날리고 있었지만, 16세기의 유럽 사회는 여전히 가톨릭의 영향 아래에 있었습니다. 중세 1000년 동안 유럽의 종교였던 가톨릭은 새롭게 태어난 프로테스탄트 교회, 즉 개신교를 위협으로 느끼고 박해합니다. 이제 유럽은 옛 교회인 가톨릭과 새로운 교회인 개신교 간 대립의 장으로 변합니다. 종교개혁 시대에 교회가 싸워야 했던 상대는 아이러니하게도 교회였습니다. 두 교회는 종교적인 문제를 넘어 사회, 문화, 정치적인 영향력을 두고 맞붙었고, 이것은 당시 유럽 사회에 큰 변화를 가져옵니다.

교회 다니면서 교회사도 몰라?

헨리 8세, 왕실 스캔들의 시작

독일과 스위스에서 종교개혁의 바람이 불어오던 그때, 도버 해협 건너편 영국에서는 어떤 일이 벌어지고 있었을까요? 유럽 대륙의 종교개혁이 부패한 가톨릭에 맞서 싸우며 시작되었다면, 영국 종교개혁의 시작은 왕실 내에서 일어난 스캔들 때문이었어요. 그 주인공, 헨리 8세의 이야기를 시작해봅시다.

1509년, 튜더 왕조의 시조 헨리 튜더(헨리 7세)의 아들 헨리 8세가 잉글랜드 왕좌에 오릅니다. 헨리 8세는 자신의 권력과 야망을 위해 6명의 아내와 결혼과 이혼을 반복했고 그중 두 사람을 처형시킨 희대의 인물이었어요. 헨리의 첫 아내는 스페인 공주 출신의 캐서린입니다. 헨리는 캐서린이 튜더 왕조를 이어갈 아들을 낳아주길 원했지만, 그 바람은 이루어지지 않았습니다. 캐서린 왕비가 낳은 유일한 딸은 메리 튜더(훗날, 메리 여왕)였습니다.

헨리 8세(재위 1509~1547)

캐서린에게서 마음이 떠난 헨리의 눈에 들어온 것은 궁녀 출신의 앤 불린입니다. 헨리는 이 젊고 매력 넘치는 앤과 사랑에 빠집니다. 세기의 스캔들은 이렇게 시작됩니다. 얼마 후, 앤 불린이 헨리의 아기를 임신합니다. 자신의 대를 이어줄 것이라 생각한 헨리는 얼마나 기뻤을까요? 1533년 6월 1일, 헨리는 앤 불린을 새 아내요 잉글랜드 왕비로 맞이합니다. 헨리 8세가 가톨릭 신자인 캐서린을 버리고 개

헨리 8세와 앤 불린

신교도인 앤 불린과 결혼한 것은 영국 교회와 가톨릭교회의 관계가 악화될 것을 예고하는 사건이었습니다.

수장령, 영국 교회의 독립선언

헨리는 캐서린과의 합법적 이혼을 위해 교황 클레멘스 7세에게 결혼 서약을 무효화해줄 것을 요청합니다. 그러나 교황은 왕의 이혼을 허락하지 않았어요. 포기를 모르는 남자였던 헨리는 교황의 결정에 도전합니다.

1534년, 헨리 8세는 이른바 '수장령'Acts of Supremacy을 발표합니다. 이는 국왕 자신이 영국 교회의 수장(首長)임을 천명한 것이고, 더 이상 가톨릭교회의 지도에 따르지 않겠다는 것을 의미했습니다. 격분한 교황은 헨리를 파문합니다. 하지만 헨리는 수도원 해산과 교회 재산 몰수라는 초강수로 응수합니다. 그리고 영국 최고위 성직인 캔터베리 대주교의 자리에 개신교 지도자인 토머스 크랜머를 임명합니다. 그렇게 헨리 8세의 사랑은 영국 교회가 가톨릭에서 벗어나 종교개혁으로 가는 문을 열어놓은 셈이었습니다.

'1000일의 앤'

하지만 안타깝게도 헨리 8세와 앤 불린 사이에서 태어난 아이는 아들이 아니었어요. 앤이 낳은 이 딸의 이름은 엘리자베

교회 다니면서 교회사도 몰라?

스 튜더. 이 아이는 훗날 엘
리자베스 1세 여왕이 됩니다.
앤 불린은 이후로도 왕자를 낳
지 못했고, 헨리의 마음이 식
어가면서 그녀의 운명은 내리
막을 걷게 됩니다. 1536년 5
월 19일, 결국 헨리에게 버림
받은 앤 불린은 런던탑에서 참
수형을 당합니다. 그녀의 나
이 36세였어요. 평민에서 잉글
랜드 왕비로, 다시 왕의 미움
을 받아 참수형을 당하기까지,

〈런던탑에 갇힌 앤 불린〉
에두아르 시보 作

1,085일간의 이 파란만장한 왕비의 인생은 훗날 여러 드라마
와 영화로 만들어집니다. 한때 사랑했던 여인을 위해 헨리가
베푼 마지막 호의는 유능한 참수형 집행자에게 그녀의 마지막
을 맡긴 것이었습니다.

> 지난 1000년간의 최고의 스캔들. 둘의 사랑이 영국의 종교를 바
> 꾸고 둘 사이에서 낳은 엘리자베스 1세가 영국과 세계의 역사를
> 바꿨다.
> _뉴욕 타임스

너무나 짧았던 에드워드 6세 통치 기간

1547년, 헨리 8세가 서거합니다. 그 뒤를 이은 것은 앤 불린

의 시녀 출신으로 헨리의 세 번째 부인이 된 제인 시모어가 낳은 에드워드 6세였습니다. 개신교도들은 개혁의 불씨를 이어 갑니다. 캔터베리 대주교가 된 토마스 크랜머는 개신교 형태의 예배와 기도를 도입하고, 대륙의 개신교 사상가들을 초청하여 개혁의 이론적 토대를 구축합니다. 하지만 병약했던 에드워드 6세는 15살의 나이로 세상을 떠나고 맙니다. 에드워드의 죽음과 함께 잉글랜드 교회를 프로테스탄트 교회로 만들어가던 개혁도 중단될 수밖에 없었죠. 1553년, 에드워드의 뒤를 이어 영국 왕실의 보좌를 차지한 인물은 헨리 왕이 본처 캐서린에게서 낳은 딸, 메리 튜더였습니다.

최초의 영국 여왕, 메리 1세

메리 튜더는 아버지 헨리에게서 버림받은 어머니 캐서린의 불행을 보며 자랐습니다. 어린 시절에는 어머니를 몰아낸 앤 불린의 시녀가 되는 수모를 겪기도 했죠. 그렇게 영국 최초의 여왕이 된 메리 1세는 열정적인 가톨릭 신자였습니다. 어머니를 버린 아버지와 계모 앤 불린에 대한 적개심으로 가득했던 메리는 영국을 다시 가톨릭 국가로 되돌리기 시작합니다. 메리 여왕은 가톨릭 국가였던 스페인의 펠리페 왕과 결혼합니다. 이 결혼은 가톨릭 교도들에게는 기쁜 소식이었지만, 개신교 신도들에게는 재앙의 시작이었어요.

메리 1세(재위 1553~1558)

교회 다니면서 교회사도 몰라?

블러디 메리

1556년, 메리 여왕은 개혁의 선두주자 토머스 크랜머를 공개 화형에 처합니다. 그리고 캔터베리 대주교의 자리에 가톨릭 지도자인 레지널드 폴을 다시 임명합니다. 개혁의 시계는 다시 25년 전으로 되돌아간 셈이죠. 이것이 끝이 아니었습니다. 메리는 휴 라티머, 니콜라스 리들리 등의 개신교 지도자들과 수백 명의 개신교도를 말뚝에 묶어 화형시킵니다. 화형장의 냄새는 멀리까지 퍼져 나갔고 공포에 빠진 국민은 메리 여왕을 '피의 메리'Bloody Mary라고 부릅니다.

개신교도들은 생명과 신앙을 지키기 위해 영국을 떠나야 했습니다. 하지만 가톨릭의 수호자 블러디 메리의 폭정은 오래가지 못합니다. 그녀가 6년 만에 세상을 떠났기 때문이죠. 이제, 잉글랜드의 운명은 다음 왕위를 이어갈 인물의 종교에 달려 있었습니다.

앤 불린의 딸, 여왕이 되다

자식 없이 세상을 떠난 메리 여왕의 뒤를 이은 것은 그녀의 이복동생이자 앤 불린의 딸인 엘리자베스 튜더였어요. 왕실의 공주로 태어난 금수저 인생이었지만 어머니 앤 불린이 참수형을 당했을 때 그녀의 모든 지위는 박탈되었지요. 그녀는 이복언니 메리의 무시와 아버지 헨리의 홀대를 견뎌야 했습니다. 모든 역경을 이겨낸 그녀는 1558년, 잉글랜드 국왕의 자리에 오릅니다. 역사는 그녀를 엘리자베스 1세라 부릅니다. 3살에는 사생아였고, 21살에는 사형수였던 그녀가 25살에 잉글랜드의 군주가 된 것입니다.

엘리자베스 여왕은 이후 44년간 잉글랜드와 아일랜드를 통치합니다. 여왕은 평생 미혼이었기 때문에 '처녀 여왕'Virgin queen으로 불렸어요.

> 짐은 국가와 결혼했다.
> _엘리자베스 1세

엘리자베스 여왕 치세에 잉글랜드는 중흥기를 맞이합니다. 위대한 극작가 윌리엄 셰익스피어와 경험론 철학자 프랜시스 베이컨이 등장하여 영국 문학과 철학의 황금기를 이끕니다. 1588년, 영국 함대와 스페인 함대가 격돌합니다. "칼레 해전" 이라 부르는 이 전투에서 영국 함대는 바다를 호령하던 스페인 의 무적함대를 격파하는 이변을 일으켰고, 이로써 해가 지지 않는 나라 대영제국의 서막이 열립니다.

엘리자베스 1세
(재위 1558~1603)

엘리자베스 1세, 성공회를 만들다

엘리자베스 여왕은 가톨릭과 개신교의 대립으로 왕실이 혼란해졌다는 것을 잘 알고 있었습니다. 여왕은 가톨릭과 개신교 모두가 만족할 만한 중도 정책을 펼치기로 해요. 엘리자베스는 가톨릭의 예식과 개신교의 신앙이 합쳐진 새로운 형식의 교회를 만들고, 이를 '성공회'Anglican Church라고

교회 다니면서 교회사도 몰라?

하며 국가의 공식 종교로 삼습니다. 예배와 성찬에 사용되는 예식은 가톨릭교회를 따르고, 신앙고백과 교리는 개신교를 따르는 독특한 형식이었어요. 이로써 일촉즉발의 종교적인 긴장은 완화되었지만, 이는 해결된 것이 아니라 유보된 것뿐이었습니다.

청교도, 영국의 개혁자들

존 버니언(1628~1688)

이때 엘리자베스의 모호한 입장에 반대하는 사람들이 있었습니다. 메리의 박해 시절 대륙으로 피신했던 개혁자들이 다시 영국으로 돌아온 것입니다. 이들은 종교개혁자들과의 교류를 통해 개혁 사상으로 철저히 무장된 사람들이었어요. 이렇듯 종교개혁의 정신으로 신앙의 순수성을 지키기 원했던 영국의 개신교도들을 '청교도'Puritans라고 부릅니다. 청교도들은 여왕의 타협적인 조치를 비판하면서 칼빈의 제네바와 같은 순수한 개혁교회를 만들 것을 요구합니다. 이 청교도들에 의해 주옥같은 기독교 고전들이 쏟아져 나왔습니다. 대표적으로 청교도 존 버니언이 쓴 『천로역정』은 기독교인들이 성경 다음으로 많이 읽는 책으로 꼽히는 명작입니다.

신앙고백을 남기다

엘리자베스에 이어 잉글랜드의 왕이 된 제임스 1세는 가톨

제임스 1세
(재위 1603~1625)

릭의 옹호자였습니다. 제임스 왕은 의회를 강제 해산시키고 청교도들에게 국교회를 강요했어요. 청교도들은 제임스 1세의 박해를 피해 신앙의 자유를 찾아 새로운 대륙으로 이주하기로 결심합니다.

한편, 영국에 남은 청교도들은 신앙을 수호하기 위해 자신들의 믿음의 내용을 정리할 필요를 느꼈습니다. 1643년, 런던의 웨스트민스터 사원에 157명의 개신교 지도자들이 모였습니다. 이들은 5년 6개월에 걸쳐 하루 8시간씩 성경을 연구하고 토론하며 개신교 신앙의 핵심들을 문서로 작성합니다. 이렇게 탄생한 문서가 바로 『웨스트민스터 신앙고백서』입니다. 1648년 영국 의회가 공인한 이 위대한 고백서는 신대륙으로 이주한 청교도들에 의해 미국 교회의 기초가 되었고, 훗날 선교사들을 통해 조선 땅으로 건너왔을 때도 한국 교회의 기초가 됩니다.

언약도, 스코틀랜드의 개혁자들

스코틀랜드 개혁의 주역은 존 낙스(1513~1572)입니다. 칼빈의 제자인 그는 메리 스튜어트(1542~1587) 여왕과 대립하며 개혁을 이끌었어요. 칼빈과 낙스의 영향으로 스코틀랜드 장로교회가 탄생합니다. 그러나 국왕 찰스 1세는 왕권신수설을 내세워 교회의 지배권을 주장하며 개신교를 탄압하기 시작합니다.

1638년 2월 28일, 1,200명의 장로교 성도들이 에든버러에

교회 다니면서 교회사도 몰라?

있는 그레이 프라이어스 교회에 모였습니다. 찰스 1세의 폭정에 대항하여 개혁 신앙을 지키겠다는 결의를 담아 '국가 언약'을 체결합니다. 이 문서에 서명한 스코틀랜드의 개신교도들을 '언약도'Covenanters라고 부릅니다. 이는 고결한 신앙의 표현이었지만 왕권에 대한 선전포고와도 같았습니다.

〈국가 언약〉에 서명하는 언약도들(1638)

언약도에 대한 박해가 시작되어 50년간 이어졌고 이 기간에 약 18,000명의 언약도들이 순교합니다. "죽음의 시간"killing time이라 불리는 이 박해 속에서도 신앙을 지킨 언약도들의 삶은 교회 역사의 유산으로 남았고, 한국 장로교회의 신앙적 뿌리가 되었습니다.

위그노, 프랑스의 개혁자들

프랑스의 개신교 신자들은 '위그노'Huguenots로 불렸습니다. 위그노들은 프랑스 정부의 박해와 맞서야 했어요. 1572년 8월 24일, 성 바돌로매를 기념하는 가톨릭 축일을 기점으로 프랑스 전역에서 가톨릭교도들이 수천 명의 위그노를 학살한 사건은 가톨릭과 개신교 갈등의 절정이었습니다.

1598년, 개신교 차별을 금지하는 '낭트 칙령'이 발표되었고, 그 결과 위그노들은 신앙의 자유를 얻게 됩니다. 그러나 루이

14세가 낭트 칙령을 폐기하자 위그노들은 네덜란드와 영국으로 망명해야 했습니다. 상업과 공업을 주도했던 위그노들이 떠나자 프랑스 경제는 악화되었고, 이것은 훗날 프랑스혁명의 원인 중 하나가 되었습니다. 위그노들에게 종교의 자유가 인정된 것은 1802년의 일입니다.

종교개혁, 그 이후

이처럼 종교개혁의 정신은 잉글랜드의 청교도, 스코틀랜드의 언약도, 프랑스의 위그노에게로 계승 및 발전되었습니다. 오랜 세월 유럽의 지배 종교였던 가톨릭은 종교개혁이라는 빙산에 부딪힌 것이죠. 유럽은 로마 가톨릭으로부터 조금씩 벗어나기 시작합니다. 종교가 변했고 국가가 변했고 사람들의 생각도 달라지기 시작했습니다. 새로운 세상이 도래하고 있었어요. 그 신세계를 근대Modern period라고 부릅니다.

함께 봐요

《천일의 스캔들》, 저스틴 채드윅 감독. 나탈리 포트만 · 스칼렛 요한슨 주연, 2008, 영화.
필리파 그레고리의 소설을 원작으로, 미국과 영국의 합작 영화. 엘리자베스 1세의 부모인 잉글랜드 왕 헨리 8세와 앤 불린을 중심으로 튜더 왕가를 다룬 역사 영화

《튜더스》, 마이클 허스트 제작, 조너선 리스 마이어 · 내털리 도머 주연, 2007, 드라마.
영국 역사상 가장 많은 이슈를 만들어 낸 국왕 헨리 8세와 그의 아내들을 중심으로 잉글랜드 튜더 왕가를 다룬 역사 드라마.

교회 다니면서 교회사도 몰라?

Q. 영국의 성공회는 개신교인가요 가톨릭인가요?

A. 16세기 잉글랜드에서 가톨릭의 형식에 개신교의 내용을 갖춘 '성공회'라는 이름의 독특한 형태의 개신교가 시작됩니다. 유럽의 종교개혁을 신학자들이 주도했다면 영국의 개혁은 정치인들이 주도했어요. 그 중심에 헨리 8세가 있습니다.

헨리는 사실 가톨릭 옹호자였습니다. 이러한 그가 수장령을 발표하여 6세기 이후로 로마 가톨릭 소속이었던 잉글랜드 교회를 독립시킨 주역이 된 것이죠.

헨리 8세는 1509년에 잉글랜드 국왕이 됩니다. 당시까지만 해도 유럽의 가톨릭은 여전히 기세등등했고, 프랑스나 스페인 등 주변 국가의 수장들이 모두 가톨릭 신봉자였기 때문에 가톨릭에서 등을 돌린다는 것은 주변 국가들을 적으로 돌아서게 한다는 뜻이었어요. 그런 부담 속에서도 헨리는 자신의 권위를 지키길 원했고 이를 위해 통일된 국가 종교의 필요를 느낀 것이죠. 헨리 8세가 마르틴 루터나 울리히 츠빙글리의 종교개혁 사상에 공감해서 가톨릭에 반기를 든 것은 아니었습니다. 헨리의 개혁은 근본적으로 정치적 목적에 기반을 두고 있었으며, 그의 종교개혁은 자신의 정치적 권력을 강화하고, 국가의 안정성을 확보하는 수단이었습니다. 캔터베리 대주교에 토마스 크랜머를 임명한 것도 크랜머가 앤 불린과의 결혼을 지지해 줄 것이라 기대했기 때문입니다.

잉글랜드 종교개혁은 간단히 말해 헨리 8세의 주도로 이루어진 일이
었다. 이 개혁의 중심에는 왕이라는 지위와 그 인물에 초점을 맞춘 통
일된 국가 종교의 설립이 있었다. 그 목표는 통일된 신앙을 고백하는
국민을 통해 정치적 안정을 이루고, 국가를 일체화하는 데 있었다.
_알리스터 맥그래스

왕실 스캔들에서 시작되어 다분히 정치적 의도 속에서 진행된 개혁
이었지만, 영국의 개신교인 성공회의 영향력은 대단했습니다. 영국 청교
도는 미국 청교도에게 영향을 미쳤고, 영국과 미국의 교회는 계속되는
교류 속에서 서로를 발전시켜 갔습니다. 그리고 이는 18세기 미국을 새
롭게 한 대각성 운동Great Awakening으로 이어집니다.
이후, 성공회는 C. S. 루이스(1898~1963), 존 스토트(1921~2011), 알리스
터 맥그래스 등 기라성 같은 지도자들을 배출했고, 이들이 세계 기독교
에 미치고 있는 영향은 여전히 대단합니다.

참고자료

• 『세계사 산책』, 허버트 조지 웰스, 2023, 옥당.
• 『청교도 이야기』, 오덕교, 2001, 이레서원.
• 『기독교의 역사』, 알리스터 맥그래스, 2016, 포이에마.
• 『기독교, 그 위험한 사상의 역사』, 알리스터 맥그래스, 2009, 국제제자훈련원.

교회 다니면서 교회사도 몰라?

AD 1618-1688
15 교회, 새로운 대륙을 향하다

#믿었던새왕의배신 #청교도가뿔났다 #지구는둥그니까 #메이플라워호
#추수감사절

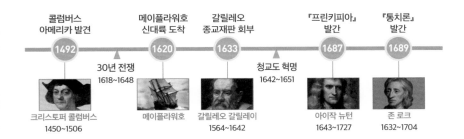

콜럼버스 아메리카 발견		메이플라워호 신대륙 도착	갈릴레오 종교재판 회부		『프린키피아』 발간	『통치론』 발간
1492		**1620**	**1633**		**1687**	**1689**
	30년 전쟁 1618~1648			청교도 혁명 1642~1651		

크리스토퍼 콜럼버스
1450~1506

메이플라워호

갈릴레오 갈릴레이
1564~1642

아이작 뉴턴
1643~1727

존 로크
1632~1704

30년 전쟁

17세기로 접어들면서 가톨릭과 개신교의 갈등은 국가 간의 갈등으로 확산되었습니다. 종교적으로는 구교와 신교의 갈등이었고, 정치적으로는 군주정과 봉건제의 대립이었어요. 유럽 남부에서는 신성로마제국을 중심으로 가톨릭 국가들이 연합했고, 유럽 중부와 북부에서는 프랑스, 덴마크, 스웨덴 등 개신교 국가들이 뭉쳤습니다(프랑스는 가톨릭 국가였지만 당시의 이해관계에 따라 개신교 연합으로 참여한다—편집주).

두 세력의 대립으로 일어난 이 전쟁은 30년 전쟁(1618~1648)

이라 불립니다. 한 세대 동안 유럽을 화염으로 몰아넣은 이 전쟁은 근대 역사상 가장 많은 사망자를 낸 전쟁으로 기록됩니다.

가톨릭과 개신교의 빅매치였던 이 전쟁은 베스트팔렌 조약으로 종결됩니다. 개인 종교의 자유를 법적으로 보장한다는 이 조약은 교황이 군림하던 중세의 질서가 이제는 마감되었음을 의미했습니다. 그렇게 계속된 종교 간의 갈등과 전쟁으로 교회는 지쳐갔습니다.

근대, 불안한 시작

17세기는 불안한 시기였습니다. 이제 교황과 가톨릭은 더 이상 유럽의 지도자가 아니었습니다. 새로 출범한 개신교도 아직 유럽을 장악하지 못하고 있었습니다. 영국의 국교회는 로마 가톨릭처럼 통일된 체계를 구축할 수 없었어요. 이제 종교는 더 이상 유럽을 지배하는 권력으로 작용할 수 없었습니다. 세상은 다양성의 시대로 나아가고 있었어요. 종교의 영향력이 약화된 자리에 과학이 들어서고 있었고, 사람들은 성경 대신 철학에 매력을 느끼기 시작합니다.

1633년 4월 12일, 과학과 종교 역사에서 가장 논쟁적이라 할 수 있는 재판이 벌어집니다. 피고석에 선 사람은 이탈리아의 수학자요 물리학자이며 천문학자인 갈릴레오 갈릴레이(1564~1642)입니다. 갈릴레오는 천동설의 오류를 지적하고 지동설을 주장한 폴란드의 천문학자 코페르니쿠스의 이론을 토대로 자신이 개량한 망원경을 통해 천체를 직접 관찰한 결과, 태양계의 중심이 지구가 아니라 태양인 것을 밝혀냅니다. 그

교회 다니면서 교회사도 몰라?

종교재판에 회부된 갈릴레오 갈릴레이(1633)

의 이론은 당시의 세계관을 뒤집는 것으로 로마 교황청의 반발
을 불러일으켰고, 종교 재판에 회부되어 지동설을 철회할 것을
강요받기까지 합니다. 역사는 그에게 '근대과학의 아버지'라는
이름을 붙여줍니다.

　갈릴레오가 촉발한 과학 혁명은 잉글랜드의 수학자이며 물
리학자인 아이작 뉴턴(1643~1727)을 통해 이어집니다. 뉴턴은
1687년에 발간한 저서 『프린키피아』를 통해 자연 현상을 수학
적 원리로 풀어냈고, 고전 역학과 만유인력의 기본 원리를 제
시함으로써 물리학의 시작을 알립니다.

　새롭게 출현한 철학자들의 이론은 새로운 시대를 향한 창문
을 열어놓습니다. 프랑스 철학자 데카르트(1596~1650)는 "나
는 생각한다. 고로 존재한다"라는 명제로 계몽사상의 기초를
놓았고, 영국 왕실 철학자 존 로크(1632~1704)는 사회계약론을

통해 자유주의에 영향을 미치게 됩니다.

영국의 경험주의와 프랑스와 독일의 합리주의는 유럽 기독교의 기초를 약화시키고 있었습니다. 새로운 전환기를 맞이한 교회는 새로운 무대가 필요했어요.

그래, 지구는 둥글다

잠시 시간을 거슬러 1492년으로 돌아가 보겠습니다. 여기는 스페인 왕궁, 이사벨 여왕 앞에 선 이 남자는 이탈리아인 탐험가 크리스토퍼 콜럼버스(1451~1506)입니다. 이 모험가는 왜 여왕 앞에 섰을까요?

200년 전 아시아를 탐험했던 모험가 마르코 폴로의 여행기를 읽고 깊은 감명을 받았던 콜럼버스는 서쪽 바다로 항해하여 중국에 이르고 싶다는 원대한 꿈을 꾸게 됩니다. 과학의 발전

신대륙에 도착한 콜럼버스(1492)

으로 원거리 항해용 나침반이 발명되었기 때문에 항로를 찾기 위해 더 이상 밤하늘의 별들에 의지할 필요가 없게 되었어요.

새로운 바닷길을 연구하던 콜럼버스는 서쪽 바다로 계속해서 항해하면 인도에 도달할 수 있다는 확신에 차 있었습니다. 황금의 나라 인도로 가는 길! 그러나 모든 탐험가의 로망이었던 만큼 위험천만한 모험이었습니다. 먼 항해를 위해 든든한 후원자가 필요했던 콜럼버스는 여왕을 설득하기 위해 왕궁에 선 것이었어요. 이사벨 여왕은 무적함대 스페인의 지도자로서 세계의 바다를 지배하고자 하는 욕망이 있었습니다. 그래서 그의 제안은 여왕에게 매우 매력적으로 다가왔습니다.

1492년 8월 3일, 여왕의 지지를 약속받은 콜럼버스는 미지의 항로를 향한 여행을 시작합니다. 콜럼버스는 33일간의 거친 항해 끝에 도착한 땅이 인도라고 믿었지만, 실은 아메리카 대륙의 한 섬이었어요. 어쨌든 이렇게 서인도 항로를 발견한 콜럼버스는 신대륙으로 향하는 길을 연 바닷길의 개척자로 역사에 이름을 남깁니다. 이로써 유럽에서 아메리카로 가는 바닷길이 열린 것입니다.

청교도가 뿔났다

여기는 다시 17세기 영국. 1603년, 여왕 엘리자베스 1세가 세상을 떠납니다. 미혼이었던 여왕에게는 아들이 없었기에 튜더 왕조는 그렇게 막을 내립니다. 엘리자베스의 유언에 따라 잉글랜드의 왕위는 스코틀랜드 국왕이었던 제임스 1세에게 돌아갑니다.

제임스 1세(1566~1625)

청교도들은 제임스 1세를 환영했습니다. 스코틀랜드는 종교개혁의 영웅이요 장로교의 창시자인 존 낙스의 나라였기 때문에 스코틀랜드 출신의 새 왕이 영국을 개신교의 나라로 이끌 것이라 기대했기 때문입니다. 제임스 왕은 성경을 영어로 번역한 킹 제임스 성경(KJV, King James Version, 1611년)을 표준 성경으로 삼는 등 개신교를 지지하는 것처럼 보였습니다.

그러나 제임스 1세의 행보는 청교도들의 기대를 저버립니다. 왕권을 강화하기 위해 교회와 왕권을 통합하기 원한 제임스 1세는 성공회를 국교로 채택합니다. 실망한 청교도들은 제임스 1세를 향하여 국교회의 개혁을 촉구하며 교회에 자율성을 줄 것을 요구합니다. 그러자 제임스 1세는 청교도들을 왕권에 도전하는 세력으로 보고, 탄압하기 시작합니다.

이제 청교도들에게 영국도 더 이상 희망을 주지 못했습니다. 조국이냐 신앙이냐를 선택해야 했습니다. 이때는 콜럼버스가 새로운 바닷길을 발견한 지 한 세기가 지난 시점이었습니다. 청교도들은 새로운 땅으로 눈을 돌립니다. 대서양 건너편, 대영제국의 식민지였던 그 낯선 땅은 아메리카였습니다.

순례의 시작

1620년 9월 16일, 잉글랜드 플리머스 항에 모인 102명은 상

교회 다니면서 교회사도 몰라?

기된 얼굴로 자신의 운명을 맡길 배를 바라보고 있었습니다. 무게 180톤의 메이플라워호는 당시 영국에서 흔히 볼 수 있는 상선이었습니다. 30여 명의 승무원이 동승했고, 크리스토퍼 존슨 선장이 키를 잡았습니다. 신앙의 자유를 찾아 거대한 바다 건너편 미지의 대륙으로 건너기로 결심한 이 용기 있는 사람들을 우리는 "순례자의 조상들"Pilgrim Fathers이라고 부릅니다. 그들의 목적지는 신대륙 아메리카였습니다.

신대륙에 도착하다

거친 풍랑과 치명적인 질병과 싸우다 보니 66일이 지납니다. 드디어 1620년 11월 21일, 신대륙 아메리카 동북부 해안 케이프 코드에 도착합니다. 해변은 황량했고, 식량은 부족했습니다. 상황은 절망적이었습니다.

메이플라워호

그러나 청교도들에게 신대륙은 약속의 땅 가나안과 같았고, 그렇게 영국을 탈출한 것은 출애굽과 같은 기적의 사건이었습니다. 이들은 이 새로운 대륙을 뉴 잉글랜드New England라고 불렀습니다.

추수감사절

계절이 겨울로 접어들고 있었습니다. 이들보다 먼저 신대륙에 도착했던 정착민들이 버지니아에 건설한 이주민 타운이 있었지만, 그곳까지는 갈 수가 없었습니다. 12월이 되자 절반 이상이 추위와 질병으로 사망하고 맙니다.

이때 이들을 안타깝게 여긴 아메리카 인디언들이 다가옵니다. 인디언들은 이들에게 옥수수 재배 방법을 가르쳐 줍니다. 이듬해 봄에 씨앗을 뿌리고 가을이 되자 결실을 거두게 됩니다. 새로운 땅에서 첫 수확을 얻게 된 그들은 인디언들을 초청하여 옥수수와 칠면조를 나누며 예배를 드립니다.

1621년 가을, 새로운 대륙에서의 삶을 시작하게 된 감격으로 올려드린 이 예배는 교회 역사의 새로운 장을 여는 추수감사절 예배가 되었습니다. 그해 메이플라워호는 다시 영국으로 돌아갔지만, 아무도 그 배에 다시 타지 않았습니다. 모두가 새로운 땅에서 새로운 삶을 살기로 결심했기 때문입니다.

언덕 위의 도시

영국 땅에서는 불가능했던 일들이 신대륙에서는 모두 가능했습니다. 가톨릭의 흔적들을 지우고 철저한 성경 중심의 신앙생활이 시작되었습니다. 예식이 중심이 되던 가톨릭 스타일이 아닌 설교 중심의 예배를 드릴 수 있었습니다. 성만찬 횟수를 점차 줄여 나갔고 성찬이 없는 날은 성찬대 위에 성경을 올려두었습니다. 주일은 안식일과 같이 철저히 지키고, 주일에 해서는 안 되는 일, 사 먹어서는 안 되는 목록을 정했습니다. 목회자들은 강력한 권위를 가지고 성도들의 삶에 기준을 세워나갔습니다. 청교도들은 부지런히 일했고, 검소하게 살며, 정직하게 행동했습니다.

1630년, 신대륙 초기 지도자인 존 윈스롭은 신약 성경의 산 상수훈 마태복음 5:14에 나오는 표현을 빌려 아메리카가 세계인들이 주목하는 "언덕 위의 도시"city upon a hill가 될 것이라고 선언합니다. 이후, 이 선언은 미국인들의 정체성과 세계관의 토대가 되었습니다. 신대륙의 청교도들은 오직 하나님의 영광을 위한 '언덕 위의 도시'를 건설하기 원했고 실제로 그들은 그렇게 했습니다.

신앙의 자유를 허용하다

청교도 지도자들은 신대륙에서 종교의 자유를 허락하지 않았어요. 교회와 국가를 하나라고 생각했기 때문이었습니다. 이러한 생각에 반대한 사람들도 있었습니다. 로저 윌리암스는 그중 한 사람이었죠. 청교도 지도자들은 그런 윌리암스를 추방합니다. 남쪽으로 내려간 그는 인디언의 땅에 새롭게 공동체를 이루고 프라비던스Providence라는 이름을 붙입니다. 교회와 정부는 분리되어야 하고 모든 종교를 차별하지 않아야 한다는 그의 생각은 당시로서는 상당히 낯선 것이었습니다. 그러나 이 사상은 이후 미국 정치에 큰 영향을 끼치게 됩니다.

청교도, 순수의 세대

17세기, 과학과 철학의 영향 속에 교회가 약화되기 시작한 유럽과 달리 신대륙 아메리카에서는 순수한 신앙 전통이 유지될 수 있었습니다. 청교도들의 신앙적 열정이 교회를 지킨 것입니다.

로마 가톨릭으로부터 종교개혁의 정신을 지키려 했던 신앙의 수호자들, 영국 왕실의 위협에도 믿음을 포기하지 않았던 전사들, 신앙을 위해 기꺼이 낯선 대륙으로 향했던 모험가들, 오직 성경을 신앙과 삶의 기준으로 삼고 국가와 정치의 표준으로 삼으려 했던 사람들을 역사는 '청교도'라고 부릅니다. 세상에 물들지 않는 삶의 모범으로 교회 역사에 빛나는 이들은, 존 밀턴의 말처럼 '종교개혁을 개혁하는 사람들'이었습니다.

함께 봐요

《포카혼타스》, 마이크 가브리엘 & 에릭 골드버그 감독. 아이린 베다드 · 멜 깁슨 목소리 출연, 1995, 애니메이션.
아메리카 원주민 포카혼타스가 영국에서 건너와 신대륙 버지니아를 개척하는 존 스미스와 만나게 되고, 백인들과 원주민들의 화합을 이끌어내지만 존 스미스는 다시 영국으로 떠나게 된다. 신대륙 정착 초기 실존 인물들을 각색한 애니메이션 영화

《메이플라워의 개척자들》, 폴 A. 에드워즈 감독, 빈센트 카트하이저, 칼라니 퀘이포, 마이클 집슨 주연, 2015, 드라마.
1620년, 종교의 자유를 찾아 메이플라워호에 몸을 싣고 신대륙으로 온 청교도들의 이야기. 내분과 악천후, 원주민과의 위태로운 동맹 속에서 그들이 어떻게 살아남았고 신대륙에 정착했는지를 담은 다큐멘터리 역사물

교회 다니면서 교회사도 몰라?

Q. 청교도들은 왜 신대륙으로 떠날 수밖에 없었나요?

A. 이미 살펴보았듯이 영국의 개신교는 그 출발부터 왕실의 정치적인 상황과 얽혀 있었습니다. 개신교 신앙을 지키려 했던 청교도들은 가톨릭과 국교회(성공회)라는 두 고래 사이에 낀 새우와 같았죠. 뿌리 깊은 종교적인 갈등에 영국의 복잡한 정치적 상황이 더해져 개신교의 입지는 더욱 좁아질 수밖에 없었어요. 제임스 1세의 탄압을 견디다 못한 청교도들이 신대륙으로 떠났지만, 영국의 종교적 갈등은 이제부터 시작이었어요.

제임스 1세에 이어 왕위에 오른 찰스 1세(재위 1625~1649)는 성공회를 중심으로 국가의 종교를 하나로 통일하기 원했습니다. 이를 위해 왕의 권력은 신으로부터 부여받았다는 '왕권신수설'Divine Right of Kings을 내세우며 교회에 대한 왕의 권한을 강화하려고 했습니다.

그러나 청교도들은 이를 받아들일 수 없었어요. 왕권신수설은 성경에서 근거를 찾을 수 없는 시대착오적인 발상이라고 생각했습니다. 게다가 전제 정치를 강화하여 의회 승인 없이 세금을 징수하는 등 권력을 남발하자 청교도들의 분노가 폭발합니다. 이들은 의회파와 연합해 왕권에 도전합니다.

1642년, 청교도가 중심이 되어 영국 내 의회파와 왕당파가 대결한 이 내전을 두고 '청교도 혁명'이라고 부릅니다. 1649년, 찰스 1세는 단두대에서 처형되고, 이후 올리버 크롬웰의 공화정이 이어집니다.

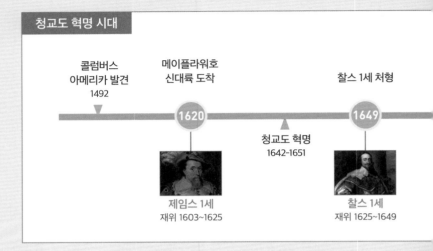

청교도 혁명 시대

콜럼버스
아메리카 발견
1492

메이플라워호
신대륙 도착

1620

청교도 혁명
1642~1651

찰스 1세 처형

1649

제임스 1세
재위 1603~1625

찰스 1세
재위 1625~1649

그러나 공화정은 오래가지 못했고 왕정복고가 이루어져 찰스 2세가 다시 왕으로 즉위합니다. 그 뒤를 이은 제임스 2세는 스페인과 수교를 맺으며 종교적으로는 가톨릭을 옹호하고, 정치적으로는 왕권 강화에 힘을 쏟게 됩니다. 이러한 변화는 개신교가 주류를 이루던 의회와의 관계를 악화시킵니다.

1688년, 의회는 제임스 2세를 퇴위시키고 오라녜 공 빌럼을 잉글랜드의 윌리엄 3세로 즉위시킵니다. 피를 흘리지 않고 명예롭게 이루어졌다고 하여 이 사건을 '명예혁명'이라고 부릅니다. 결과적으로 명예혁명으로 영국의 전제 군주제는 종말을 고하고, 입헌군주제가 출발합니다.

이처럼 17세기 영국은 대혼란과 격동의 시기를 보냅니다. 영국의 청교도들은 이 모든 혼돈의 소용돌이 속에서 신앙을 보존하기 위해 고국을 떠나기로 결단한 것입니다. 1620년 메이플라워호가 도착한 이후, 1627년부터 1640년까지 약 4천 명이 대서양을 건넜고, 1660년이 되자 매사추세츠에는 5만 명의 청교도들이 신대륙에 정착합니다. 이들에게

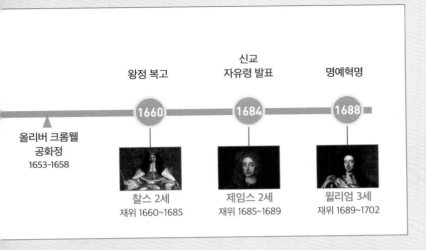

신교
자유령 발표

왕정 복고   명예혁명

1660   **1684**   **1688**

올리버 크롬웰
공화정
1653-1658

찰스 2세
재위 1660~1685

제임스 2세
재위 1685~1689

윌리엄 3세
재위 1689~1702

제임스 1세와 찰스 1세는 자유를 억압하는 파라오와 같은 존재였고, 잉글랜드는 이집트와 같았습니다. 신대륙에 도착한 그들은 이집트를 탈출하여 젖과 꿀이 흐르는 약속의 땅에 도착했다고 생각했습니다. 조국의 교회가 왕실과의 갈등 속에서 혼란을 겪는 동안, 신대륙의 교회에서는 새로운 꿈을 꿀 수 있었던 것이죠.

이제 교회 역사는 신대륙에 도착한 청교도들과 함께 새 무대에서 새로운 장을 맞이합니다.

참고자료

- 『청교도 이야기』, 오덕교, 2001, 이레서원.
- 『기독교의 역사』, 알리스터 맥그라스, 2016, 포이에마.
- 『기독교의 역사』, 폴 존슨, 2013, 포이에마.

16 AD 1600-1789
대부흥의 시대

#대항해시대 #감리교탄생 #설교의달인 #프로부흥러 #미국독립

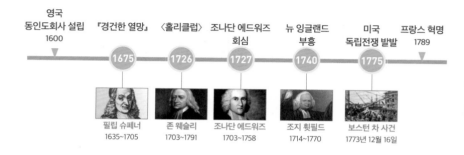

필립 슈페너	존 웨슬리	조나단 에드워즈	조지 휫필드	보스턴 차 사건
1635~1705	1703~1791	1703~1758	1714~1770	1773년 12월 16일

영국 동인도회사 설립 1600 / 『경건한 열망』 1675 / 〈홀리클럽〉 1726 / 조나단 에드워즈 회심 1727 / 뉴 잉글랜드 부흥 1740 / 미국 독립전쟁 발발 1775 / 프랑스 혁명 1789

여러분은 바다를 보면 무슨 생각이 드시나요? 낭만, 여행, 추억을 떠올릴 때가 많죠. 그러나 지구가 둥글다는 사실이 밝혀지기 전까지 바다는 두려움의 대상이었습니다. 근대로 접어들면서 나침반이 발명되고, 발전된 항해술과 거센 풍랑을 이겨낼 범선 제조 기술을 갖추게 된 인류는 더 이상 바다가 두렵지 않았습니다. 그렇게 해서 바닷길이 열리기 시작합니다.

대항해시대

이탈리아의 모험가 콜럼버스는 아메리카를 발견했고, 포르

교회 다니면서 교회사도 몰라?

투갈의 항해사 바스쿠 다 가마(1469~1524)는 인도에 도착합니다. 15세기 후반부터 18세기 중반까지, 유럽의 열강들이 앞다투어 바다로 나섰던 이 시대를 '대항해시대'라고 부릅니다. 새 항로를 개척하고 새 무역지를 찾기 위한 탐험과 모험의 시대가 시작된 것이죠. 가자, 바다로!

영국, 해가 지지 않는 나라

유럽인들에게 바다 건너편 동양은 신비한 미지의 세계였습니다. 후추, 커피, 사탕 등 동양의 특산품들에 유럽인들은 매료되었어요. 특히, 인도는 유럽과 동방을 연결하는 중요한 거점이었습니다.

유럽 국가들은 효과적인 무역을 위해 인도에 '동인도회사'The East India Company를 설립합니다. 영국은 1600년에 가장 먼저 동인도회사를 설립한 나라였습니다. 인도뿐 아니라 캐나다, 오스트레일리아, 뉴질랜드, 남아프리카에 이르기까지 세계의 모든 대륙에 식민지를 건설한 영국은 '해가 지지 않는 나라'라는 닉네임을 얻게 됩니다. 17세기가 끝나갈 무렵, 신대륙 아메리카 역시 대영제국의 지배 아래에 있었습니다.

변화하는 유럽 교회

17세기 말 유럽의 교회는 인간의 이성을 중시하며 현실 개혁을 추구하는 계몽주의라는 새로운 사상에 맞서야 했습니다. 독일에서는 필립 슈페너(1635~1705)가 그 시작이었습니다. 루터의 후예인 독일 교회에서는 엄격한 정통 신학을 고수하다 보니 개인의 삶에는 별로 관심을 두지 못했습니다. 마치 종교개혁 이전의 중세 스콜라주의로 돌아가는 것처럼 보였어요. 슈페너는 성도의 경건생활을 강조하는 신앙 운동을 시작했고, 이것은 '경건주의'Pietism라는 이름으로 확산되었습니다. 1675년, 슈페너가 쓴 『경건한 열망』은 권력에 취해 경건을 잃어버린 교회와 목사들에게 경종을 울렸습니다.

영국에서는 존 웨슬리(1703~1791)가 경건주의 운동의 바통을 이어받습니다. 18세기 초, 영국은 초기 산업혁명 시대를 지나는 격변의 시기였어요. 거리에는 가난과 질병으로 고통받는 사람들, 이를 잊고자 술과 도박에 빠진 사람들로 넘쳐났습니다.

1703년, 존 웨슬리는 성공회 목회자의 아들로 태어납니다. 아버지를 이어 목회자가 된 웨슬리는, 1736년에 신대륙의 원주민에게 선교하기 위해 조지아로 가는 배에 오릅니다. 항해 도중에 거센 폭풍을 만나는데 공포에 질려있는 대다수 사람과는 달리 평안한 표정으로 시편을 암송하는 사람들을 목격합니다. 그들은 모라비안 경건주의자들이었습니다. 이들의 모습에 도전을 받은 웨슬리는 살아 있는 믿음과 신앙 체험을 강조하는 운동을 시작합니다.

〈홀리 클럽에 모인 웨슬리와 친구들〉,
마샬 클랙스턴 作

교회 다니면서 교회사도 몰라?

그는 동생 찰스 웨슬리와 함께 옥스퍼드 대학가에서 홀리 클럽Holy Club을 만들어 성경 공부와 기도 훈련에 매진합니다. 신앙 규칙과 경건의 방법을 강조하는 이들은 '방법론자'Methodists라는 별명을 얻습니다. 감리교Methodist Church라는 새 교단의 시작이었습니다.

하지만 국교회(성공회) 입장에서는 영국 교회의 갱신을 외치며 개신교 운동을 주도하는 존 웨슬리가 못마땅했습니다. 국교회가 웨슬리에게 강단을 내주지 않자, 그는 "온 세계가 나의 교구다"라고 선언하고 야외에서 설교하기 시작합니다. 웨슬리가 40년 동안 말을 타고 영국 방방곡곡을 누비며 이동한 거리는 52만 킬로미터로, 이는 지구 전체를 13회 바퀴 이상 돌아다닌 셈이었습니다.

이러한 유럽의 경건주의 운동은 이제 바다 건너 신대륙으로 이어집니다.

잠들어 있는 신대륙의 교회를 깨운 거인

18세기가 시작되었을 때, 신대륙의 개신교는 겨울잠에 빠진 곰과 같았어요. 신앙의 열정으로 신대륙에 첫발을 디뎠던 청교도들의 열심은 100년의 시간이 흐르면서 시들해져 있었습니다. 성경에 기초한 교회와 국가를 세우기 원했던 초기 이민자들의 뜨거움은 자손들에게서는 찾아보기 어려웠습니다. 약속의 땅에 도착해 신앙의 자유를 얻게 되었다는 감격은 식어갔고, 신앙은 더 이상 그들의 관심사가 아니었어요.

1734년 겨울, 매사추세츠 노샘프턴의 교회에서 한 목회자가

조나단 에드워즈

설교를 시작합니다. 커다란 키에 과장된 몸짓도 없고 화려한 표현도 없이 그저 조용히 원고를 읽어 내려갈 뿐이었습니다. 그러나 그 설교를 들은 성도들은 벅차오르는 감격으로 충만했고, 도시 전체가 기쁨으로 가득했습니다.

조나단 에드워즈(1703~1758)의 설교는 영적인 잠에 빠져 있던 성도들을 깨우는 나팔 소리와 같았습니다. 그가 "진노하시는 하나님의 손안에 있는 죄인"이라는 제목으로 설교했을 때, 청교도의 후예들에게서 회개의 눈물이 터져 나왔습니다. 그 눈물은 선조들이 품었던 이상과 잊힌 비전의 회복을 의미했습니다.

1734년에 노샘프턴에서 솟아오른 회개와 부흥의 불길은 1742년까지 계속되면서 뉴잉글랜드 전역에서 5만 명 가까이 회심합니다. 대각성운동의 주역 에드워즈는 미국이 낳은 가장 위대한 신학자로 평가받는 인물입니다. 종교개혁의 후예요 청교도 사상을 따랐던 에드워즈는 칼빈 사상을 기초로 부흥 운동을 이끌었습니다. 교회사에서 '대각성운동'The Great Awakening 이라 불리는 위대한 부흥은 그렇게 시작되었습니다.

> 루터와 칼빈을 히말라야 산맥으로 비유한다면 조나단 에드워즈는 그중에서도 가장 높은 에베레스트로 비유하고 싶다.
> _마틴 로이드 존스

교회 다니면서 교회사도 몰라?

불꽃 같은 설교자, 조지 휫필드

조지 휫필드(1714~1770)는 웨슬리의 홀리 클럽에서 신앙 훈련을 받았던 젊은이였습니다. 성공회 목사가 된 휫필드는 뛰어난 설교가로 주목받기 시작합니다. 그는 스코틀랜드와 웨일즈까지 영국 곳곳에서 초청받았고, 영국에서 가장 뛰어난 설교자로 이름을 알립니다.

휫필드의 설교는 영국을 넘어 신대륙의 부흥 운동에 기름을 부었습니다. 그는 미국을 일곱 번이나 방문하면서 많은 청중에게 설교했습니다. 농부들로부터 하버드 대학의 학생들까지, 호소력 있고 불꽃 같은 그의 설교에 청중들은 변화되기 시작했습니다.

1740년, 뉴잉글랜드에서 6주간의 전도 여행을 통해 이전에 없던 대부흥이 일어납니다. 교회들마다 성도들로 넘쳐났

미국의 뉴잉글랜드에서
순회 설교 중인 조지 휫필드

고 수많은 기독교 단체와 교육 기관이 세워집니다. 그 후 3년 동안 뉴잉글랜드를 넘어 150여 교회가 대각성 운동의 영향을 받습니다.

대각성을 주도했던 목회자들의 설교가 시작되면 수천수만 명이 모였습니다. 그들을 수용할 건물이 부족했기 때문에 대부분 야외에서 집회를 열고 설교해야 했습니다. 집회가 시작되면 술집이 텅 비고 사람들은 교회로 몰려들었습니다. 교회

의 각성은 대부흥으로 이어졌고, 사회 변화로 연결되었습니다. 잠들었던 교회가 깨어나자 잠들었던 시대가 깨어나기 시작한 것입니다.

아메리카, 자유를 꿈꾸다

이처럼, 영국과 신대륙의 목회자들이 영향을 주고받으며 부흥의 시대를 이끌고 있었지만, 영국과 미국은 여전히 지배자와 식민지의 관계였습니다. 신대륙의 주민들은 영국의 식민지 정책이 불만이었습니다. 영국 정부가 식민지에 과중한 세금을 부과하여 홍차를 판매하기로 결정하자, 수입이 줄어들게 된 식민지의 상인들은 불만이 폭발합니다.

1773년, 차를 실은 영국 화물선들이 보스턴 항구에 도착하자 식민지 주민들은 화물선에 올라 차를 바다에 던져버렸습니다. 일명 '보스턴 차 사건'입니다. 분노한 영국 정부가 군대를 파견하여 사건의 주동자를 체포하려 하자 양측 사이에 일촉즉발의 긴장감이 감돌게 됩니다.

미국 독립전쟁의 도화선이 된
〈렉싱턴 전투〉_윌리엄 반스 울렌 作

1775년 4월 19일. 매사추세츠 렉싱턴의 외곽에서 한 발의 총성이 울려 퍼집니다. '미국 독립 전쟁'의 시작을 알리는 총소리였어요. 조지 워싱턴이 이끄는 식민지 연합 군대와 영국 군대

교회 다니면서 교회사도 몰라?

의 치열한 전투는 8년간이나 이어집니다. 결국, 영국군이 요크 타운 전투에서 패배하면서 전쟁은 미국의 승리로 완전히 기울게 됩니다.

1776년 7월 4일, 북아메리카 12개 식민지 대표들이 필라델피아에 모여 〈독립 선언문〉을 발표합니다. 벤저민 프랭클린과 토머스 제퍼슨을 비롯한 식민지 지식인들이 작성했고, 56명의 지도자가 서명한 이 문서는 이제 더 이상 영국이 아메리카의 식민지를 다스릴 수 없음을 선포합니다. 영국으로부터 독립한 아메리카 합중국의 역사가 시작된 것입니다.

프랑스, 혁명의 불길에 휩싸이다

미국이 영국으로부터 독립했다는 소식은 유럽의 지각 변동을 알리는 신호탄과 같았습니다. 그 시작은 프랑스였어요.

화려한 베르사유 궁전은 프랑스 왕족들의 부유하고 사치스러운 권력과 삶을 상징했습니다. 그러나 왕족들의 호화로운 삶의 이면에는 평민들의 고통이 가득했습니다. 프랑스 정부는 미국 독립 전쟁에 참여한 후에 빚더미에 올라 파산 지경에 이르게 됩니다. 이에 프랑스 정부는 세금을 더 많이 거두려 했고, 이는 그렇지 않아도 정부에 불만이 가득했던 프랑스 민중의 분노에 기름을 부었어요.

귀족, 성직자, 평민 대표로 구성된 삼부회가 개혁안을 제출했지만 국왕 루이 16세가 받아들일 리 없었습니다. 결국, 분노한 시민들은 거리로 나서기 시작합니다. 왕의 군대에 맞서기 위해 무기가 필요했던 시민들은 왕궁 무기고인 바스티유 감옥

바스티유 감옥을 공격하는 프랑스 군중(1789)

을 습격합니다.

　1789년 7월 14일. 프랑스 왕정의 몰락과 근대 사회의 시작을 알리는 이 사건을 '프랑스 혁명'이라 부릅니다. 왕실과 귀족들의 특권은 폐지되었고 농노들은 해방되었습니다. 루이 16세와 그의 사치스러운 왕비 마리 앙투아네트는 혁명군들의 손에 의해 단두대의 이슬로 사라지게 됩니다.

　미국의 독립 혁명과 프랑스 혁명을 겪으며 세계는 새로운 시대로 접어들고 있었습니다.

새로운 시작
　신대륙의 교회가 주도한 대각성 운동은 독립과 혁명의 기초가 되었고, 평등과 자유를 가르치는 성경의 사상은 민주주의

　　　　　　　교회 다니면서 교회사도 몰라?

와 노예 제도 폐지 그리고 남북 전쟁으로 이어졌습니다. 이 시기에 기독교 가치를 기반으로 하는 대학들이 속속 설립되었습니다. 하버드 대학(1636년), 예일 대학(1701년), 프린스턴 대학(1746년)이 설립되어 기독교의 사상과 학문 탐구에 몰두합니다. 이처럼 18세기 대각성 운동은 교회의 부흥을 넘어 미국의 독립과 프랑스 혁명에 영향을 주었고, 이를 통해 서구 근대 사회 출발의 씨앗이 되었습니다.

그리고 북아메리카에서 시작된 대각성과 부흥의 열기는 지구 반대편 동방의 작은 나라로 이어지게 됩니다. 대부흥의 새로운 무대가 된 이 나라는 아무에게도 주목을 받지 않았던 땅, 조선이었습니다.

함께 봐요

《패트리어트》, 롤랜드 에머리히 감독. 멜 깁슨 주연, 2000, 영화.
식민지의 지주이자 퇴역한 영국 육군 대위인 벤저민 마틴이 미국 독립전쟁에 참여하여 영국과 맞서 싸우며 애국자로 거듭나는 과정을 그린 영화

《마리 앙투아네트》, 소피아 코폴라 감독, 커스틴 던스트, 로즈 번, 톰 하디 주연, 2006, 영화.
오스트리아 출신 공주 마리는 프랑스 황태자 루이 16세와의 정략결혼으로 베르사유 궁에 입성한다. 사치와 허영의 아이콘이며 수많은 스캔들과 루머의 주인공인 그녀의 삶을 통해, 프랑스 절대 왕정의 모습과 프랑스 혁명의 배경을 보여주는 시대극

Q. 신대륙의 교회가 부흥할 수 있었던 이유는 무엇인가요?

A. 부흥이 가능했던 요인은 먼저 정치적인 이유에서 찾을 수 있습니다. 신대륙 교회의 혈통적, 신앙적 뿌리는 영국이었습니다. 18세기 신대륙은 여전히 영국 군주들의 영향 아래 있었습니다. 그리고 영국의 종교개혁이 왕실 주도로 이루어졌기에 국교회(성공회)에서 군주들의 영향력은 여전했습니다. 청교도들이 스튜어트의 군주들(제임스 1세, 찰스 1세 등)과 적대적 관계가 된 이상, 교회 개혁을 완수하기 위해서는 국교회와 결별할 수밖에 없었고, 이를 위해 신대륙으로의 이주를 결심하게 된 것이죠.

그렇게 신대륙에 도착했지만, 교회 상황은 녹록지 않았습니다. 이 척박한 환경 속에서 교회는 살아남을 수 있을까? 식민지 교회가 군주들의 영향과 국교회로부터 자유로울 수 있을까? 개신교를 기초로 하는 새로운 국가의 건설이 가능할까? 18세기에 신대륙에서 일어난 대부흥은 이런 질문에 대해 희망을 보게 했습니다.

미국은 유럽 가톨릭의 전통이나 국교회의 영향으로부터 자유로웠고, 종교의 자유를 위해 혁명이나 투쟁을 겪을 필요가 없었습니다. 이 새로운 나라의 새로운 교회는 국민 모두가 자연스럽게 받아들인 프로테스탄티즘의 토대 위에서 발전해 갈 수 있었던 것입니다.

또 한 가지 요인은 탁월한 설교자들의 출현입니다. 16세기 중반에서 17세기 후반에 이르는 청교도들의 시대를 "설교의 황금시대"라 부릅니

다. 윌리엄 퍼킨스(1558~1602), 존 플라벨(1628~1691)과 같은 영국 청교
도 설교자들의 뒤를 잇는 뛰어난 설교자들이 신대륙 교회에 등장합니다.
1703년, 같은 해에 태어난 조나단 에드워즈, 길버트 테넌트, 존 웨슬리
그리고 그 뒤를 잇는 조지 휫필드는 교회사에 빛나는 명설교자로 남아
있습니다.

　영국 왕실과의 갈등으로부터 자유롭고 유럽의 사상 논쟁에서 한 걸
음 물러난 신대륙의 목회자들은 복음 전도와 설교에 집중할 수 있었죠.
이들의 설교는 신대륙 교회의 대각성과 대부흥의 원동력이었습니다. 에
드워즈와 휘트필드가 이끈 〈1차 대각성 운동〉은, 반세기 후인 1790년대
에는 복음 설교가 제임스 맥그리디와 조나단 에드워즈의 손자 디모티
드와이트의 주도하에 〈2차 대각성 운동〉으로 이어지면서, 신대륙의 교
회는 더욱 단단해져 갔습니다.

　　참고자료

- 『세계사 산책』, 허버트 조지 웰스, 2023, 옥당.
- 『기독교의 역사』, 알리스터 맥그라스, 2016, 포이에마.
- 〈제1차 대각성운동〉, 박용규TV, 유튜브.

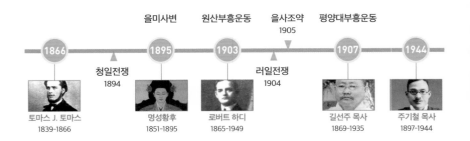

17

AD 1866~1944
평양, 부흥의 불꽃으로 타오르다

#어서와조선은처음이지 #토마스_최초의순교자 #평양_뜻밖의부흥
#동방의예루살렘 #Again1907

을미사변   원산부흥운동   을사조약   평양대부흥운동
1905

1866   1895   1903   1907   1944

청일전쟁   러일전쟁
1894   1904

토마스 J. 토마스   명성황후   로버트 하디   길선주 목사   주기철 목사
1839-1866   1851-1895   1865-1949   1869-1935   1897-1944

신대륙에서 시작된 대부흥의 역사는 20세기 초에 지구촌의 사방팔방으로 퍼져 나갔습니다. 1903년 영국 웨일즈 부흥, 1905년 인도 카시아 부흥, 1906년 미국 아주사 부흥으로 이어집니다. 이렇게 일어난 글로벌 부흥의 역사는 선교의 불모지인 아시아를 위한 예고편이었습니다.

이제, 아시아 동쪽 끝, 작은 나라 조선에서 일어난 놀라운 일에 대해 이야기할 차례입니다. 네, 이번 이야기의 주인공은 바로 한국 교회입니다. 한국 교회는 이 부흥의 물결 속에서 자라나기 시작합니다.

                                     교회 다니면서 교회사도 몰라?

아시아의 갈릴리에 깃든 희망

20세기가 시작될 무렵의 조선의 모습은 글자 그대로 바람 앞의 등불과 같았습니다. 1894년 '청·일 전쟁'에서 승리한 일본은 자신감에 충만했어요. 20만 명의 육군과 26만 톤의 함대를 갖춘 군사 대국으로 성장한 일본, 그들의 다음 목표는 조선을 발판으로 삼아 대륙을 침략하려는 것이었습니다.

대륙으로 진출하려는 일본의 움직임이 불안했던 러시아는 프랑스, 독일과 함께 일본을 경계하기 시작해요. 조선은 러시아의 도움을 받아 일본 세력을 몰아내기 원했고, 그 중심에는 명성황후가 있었습니다.

1895년 8월 20일 새벽, 경복궁이 소란스러웠습니다. 손에 칼을 든 일본 낭인들은 명성황후를 찾아다니고 있었어요. 이 날, 조선의 국모인 명성황후는 처참하게 시해당하고 시신은 불살라졌습니다. 있을 수 없는 수모요 굴욕이었지만, 수치의 역사는 이제 시작이었습니다.

1904년, 중국을 꺾은 일본이 이번엔 러시아를 향해 선전포고를 함으로써 '러·일 전쟁'이 발발합니다. 조선과 만주의 지배권을 두고 러시아와 일본이 격돌한 것이죠. 제1차 세계대전의 전초전 격인 이 전쟁에서도 일본이 승리합니다. 국제 사회에서 지위가 크게 상승한 일본은 조선의 지배권

명성황후(1851~1895)

을 확고히 했고, 이를 토대로 만주로 진출할 수 있게 되었어요.

20세기 초, 조선은 아시아의 맹주들이 격돌하는 전쟁의 소용돌이 속에서 고래 싸움에 새우 등 터지는 꼴이었습니다. 1905년 굴욕적인 '을사조약'이 체결되고, 1907년 고종이 퇴위함으로써 조선은 주권을 빼앗깁니다. 마침내 1910년 8월 29일, 강제적인 한일병합으로 조선에 대한 일본의 통치가 시작됩니다.

러시아와 중국, 일본의 전쟁터가 되어 버린 조선 땅은 아무런 소망이 없었습니다. 스물여섯 살, 푸른 눈의 선교사가 조선 땅에 나타나기 전까지는 말이죠.

병인박해 그리고 병인양요

시간을 조금 거슬러 19세기 말로 돌아가봅시다. 당시 조선에는 서양의 학문과 종교를 배척해야 한다는 위정척사론이 대세를 이루고 있었습니다. 12살의 어린 아들 고종을 대신하여 조선의 권좌에 오른 흥선대원군은 강력한 쇄국 정책을 펼칩니다. 흥선대원군은 천주교를 서양 사상의 근원이라고 생각하여 강력히 탄압해요. 1866년 봄부터 시작된 '병인박해'를 통해 수천 명의 천주교 신자들이 목숨을 잃게 됩니다.

이 기간 중에 프랑스 천주교 선교사 9명이 사망하는데, 이에 대한 보복으로 프랑스군이 조선을 침공합니다. 1866년 11월, 프랑스 극동사령관 로즈 제독이 함대를 이끌고 강화도 앞바다에 나타납니다. 순식간에 강화도를 점령한 프랑스군은 강화성을 1개월간 점거한 후 청나라로 철수했지만, 이미 많은 사상자

가 발생하고 책과 무기, 보물을 약탈당한 뒤였습니다. '병인양
요'라 불리는 이 사건은 조선이 서양 문명과 충돌한 최초의 전
투였습니다. 조선은 이 사건으로 천주교를 더욱 거세게 탄압합
니다.

같은 해, 미국 상선 한 척이 대동강에 나타납니다. 제너럴
셔먼호라 불리는 이 배에는 젊은 영국인이 타고 있었어요. 그
의 이름은 로버트 저메인 토마스(1839~1866)입니다.

토마스 선교사

3년 전인 1863년, 12월 혹한의 추위
속에 영국 런던 선교회London Missionary
Society 소속의 토마스 선교사와 아내 캐
롤라인이 중국 상해에 도착합니다. 중
국 선교를 시작하려는 그때, 갑작스럽
게 아내가 세상을 떠나고 말아요. 토마
스 선교사가 런던 선교회에 보낸 첫 편
지는 선교 보고서가 아니라 아내의 사
망에 관한 보고서였습니다.

로버트 J. 토마스(1839~1866)

중국 선교가 좌절된 토마스는 중국
에서 통역관으로 일합니다. 그러던 중, 조선의 소식을 접하게
되고 새로운 선교지로 조선을 향한 마음을 품게 됩니다. 조선
선교의 기회를 찾던 토마스는 제너럴 셔먼호가 조선에 입국한
다는 소식을 듣습니다. 1866년 7월, 토마스 선교사는 제너럴
셔먼호에 승선합니다. 꿈에 그리던 조선으로 향하게 된 그의

가슴은 희망으로 부풀었어요.

나는 상당한 분량의 책들과 성경을 가지고 떠납니다. 조선 사람들
에게 환영을 받을 생각에 얼굴이 달아올라 희망으로 가득 찹니다.
_1866년 8월 1일, 토마스 선교사가 런던 선교회에 보낸 마지막 편지

제너럴 셔먼호, 대동강에 나타나다

그러나 상황은 좋지 않았습니다. 불행하게도, 서양에 대한
조선의 반감은 최고조에 이르고 있었죠. 제너럴 셔먼호는 상선
이라고는 하지만 대포 2문을 포함하여 서양식 무기를 갖추고
있었기에 조선인들이 볼 때는 순수한 무역선이 아니었습니다.
이 민감한 시기에 중무장을 한 서양 배가 대동강을 거슬러 올
라오고 있었으니, 충돌은 불가피했습니다.

순교의 씨앗

평양감사 박규수는 전투를 준비합니다. 마침 장마로 불어났
던 강물이 빠져나가면서 셔먼호는 모래 위에 좌초되어 움직일
수 없게 됩니다. 셔먼호의 선원들은 총을 쏘며 대항했지만, 돌
을 던지며 활과 화승포를 쏘며 공격하는 조선의 군사들과 평양
군민을 당할 수 없었어요.

조선군은 솔가지를 쌓은 배에 유황을 뿌리고 불을 붙여서
셔먼호를 향해 떠내려 보냈고, 불타는 배가 닿자 셔먼호는 순
식간에 불길에 휩싸였습니다. 불타는 셔먼호에서 뛰쳐나온 선
원들은 모두 살해되고 말았습니다.

교회 다니면서 교회사도 몰라?

제너럴 셔먼호 사건: 토마스 선교사 순교(1866년 9월 1일)

이 긴박한 상황 속, 배에 남아 있던 토마스 선교사는 품에 지니고 있던 성경을 가지고 헤엄쳐 나왔습니다. 토마스는 자기를 죽이려는 병졸 박춘권에게 성경을 전해주려고 했지만 거절당합니다. 그것이 토마스의 처음이자 마지막 선교였습니다. 그렇게 영국인 선교사 토마스는 머나먼 땅 조선의 대동강 강변에서 생애를 마감합니다. 그의 나이 26세였어요.

순교의 열매

아내의 죽음으로 좌절된 중국 선교 그리고 자신의 죽음으로 조선 선교 역시도 중단된 것처럼 보였습니다. 그러나 놀라운 일들은 지금부터 시작이었습니다. 토마스의 죽음과 관련된 사람들에게 변화가 일어나기 시작합니다. 먼저, 토마스를 죽인 박춘권은 성경을 주워서 집으로 돌아갔고, 그 성경을 읽고 신앙을 가지게 되어 훗날 안주교회의 영수(교회 임시 지도자)가 됩니다.

평양 장대현교회

이날, 불타는 셔먼호를 바라보던 사람들 가운데 최치량이라는 열두 살 소년이 있었어요. 최치량은 토마스가 준 세 권의 성경을 보관하고 있었죠. 그는 성경이 서양 선교사가 준 금지된 책이라는 사실을 알고 두려운 마음에 가지고 있던 성경을 영문주사 박영식에게 전합니다. 박영식은 질 좋은 종이로 된 성경을 한 장씩 뜯어서 자기 집의 벽지로 바릅니다. 이후 최치량은 박영식의 집에 갔다가 벽에 붙어 있는 성경을 읽고 신앙을 가지게 됩니다.

훗날 최치량은 박영식의 집을 사서 여관으로 사용하는데, 그 여관에 사무엘 마펫 선교사Samuel A. Moffet가 머물게 되고, 최치량은 마펫 선교사에게 세례를 받습니다. 이어 박영식도 예수를 믿게 되었고, 그의 집은 평양 최초의 교회이자 장대현교회의 전신인 널다리골 교회가 됩니다. 그리고 이곳, 장대현교회에서 아무도 예상치 못했던 일이 일어납니다.

교회 다니면서 교회사도 몰라?

D-1 (1907년 1월 14일): **대부흥의 서막**

당시, 평양은 술과 기생으로 가득한 환락의 도시였습니다. 1907년 1월, 평양에서 선교사들이 주도한 집회가 준비되고 있었습니다. 4년 전인 1903년, 하디 선교사Robert A. Hardie의 주도로 원산에서 일어난 영적인 각성과 부흥 운동으로 인해, 부흥을 향한 열망이 평양에도 확산되고 있었어요.

1907년 1월 2일, 장대현교회에서 겨울 남자 사경회가 시작되었습니다. 평안도와 황해도 전역에서 모인 성도들과 교회 지도자들로 교회는 가득 찼습니다.

1월 6일부터 시작된 저녁 집회는 선교사와 한국인 지도자들이 번갈아 인도했습니다. 첫날 저녁, 강단에 선 길선주 목사는 세속에 물든 교회를 향해 칼끝같은 메시지로 집회의 포문을 열었습니다. 시간이 지날수록 집회의 열기가 더해가던 1월 14일 밤 집회가 끝났지만 새벽 2시까지 무려 6시간 동안 기도의 불이 사그러들지 않았습니다.

길선주 목사(1869~1935)

그 밤, 강한 성령의 역사가 임합니다. 양심에 찔림을 받은 사람들의 입에서 회개가 터져 나왔습니다. 한 사람씩 일어나서 자신의 죄를 고백하고 통곡하며 울기 시작한 것입니다.

D-day (1907년 1월 15일): 대부흥의 역사

다음날, 회개와 간증이 지속되면서 저녁 8시에 시작한 집회는 새벽 2시까지 계속되었습니다. 저마다 자신의 비밀한 죄를 고백하는 가운데 성령의 임재를 경험합니다. 조선인들부터 선교사들까지 장대현교회에 모여있던 모두가 진실한 회개를 경험합니다. 죄에 대한 회개는 구체적인 삶의 변화로 이어졌습니다. 사람들은 평양 거리에서 서로의 죄를 고백했습니다. 도둑맞은 물건과 돈이 되돌아왔고, 오랫동안 갚지 않던 빚이 청산되었습니다.

한 달 이상 계속된 집회가 끝나자, 이 부흥의 역사는 전국으로 퍼져 나갑니다. 한 달도 되지 않아 평양을 넘어 서울과 청주, 광주와 대구로 그리고 전국 방방곡곡으로 퍼졌습니다. 마치 강한 바람을 타고 번져가는 산불과 같았어요.

> 우리 중에는 지금까지 그런 경험을 해본 사람이 없었고, 웨일즈와 인도에서 일어난 부흥 운동에 대한 이야기는 들어봤거나 읽어봤지만, 이번에 장대현 교회에서 경험한 성령의 역사는 그 어떤 이야기도 능가하는 것이었습니다.
> _1907년 1월 15일, 조지 맥큔 선교사가 미 북장로교 선교부에 보낸 편지.

평양, 동방의 예루살렘

부흥 운동의 결과는 놀라웠습니다. 평양과 서울은 물론 전 지역의 교회마다 밀려오는 신자들로 차고 넘쳤어요. 평양 대부흥 운동은 18세기 미국의 대각성운동이나, 영국 웨일즈의 부흥과 비슷했습니다. 미국의 부흥 운동이 사회 변화로 이어진 것처럼, 평양 대부흥 운동 역시 그러했습니다. 환락과 죄악의 도

교회 다니면서 교회사도 몰라?

시 평양은 거룩한 도시로 변화되었습니다.

교회가 희망입니다

열강들의 각축장이었던 구한말, 교회는 어둠 속에 길을 잃은 민족에게 등대와도 같았습니다. 아메리카와 유럽에서 시작된 부흥의 불길은 1907년 조선 땅 평양에서 활활 타올랐고, 그 열기는 한국 교회의 폭발적 성장과 아시아 선교를 위한 동력이 되었습니다.

평양 대부흥 운동 이후 100여 년이 지난 지금, 한국은 세계에서 두번째로 선교사를 많이 보내는 나라가 되었습니다. 20세기가 시작될 무렵, 교회는 이 민족의 유일한 희망이었고, 21세기인 지금도 여전히 그렇습니다.

함께 봐요

〈조선, 서구 열강에 맞서다〉, 뉴스멘터리 전쟁과 사람: 93회, YTN2, 2022, 다큐멘터리.
1866년, 흥선대원군이 프랑스 선교사들을 학살하자 프랑스는 대규모 병력을 조선으로 파병한다. 서양 문명과 충돌한 조선군의 전술은 무엇이었는지, 병인양요를 중심으로 구한말 조선의 역사를 다룬 전쟁 다큐멘터리

〈1907 평양대부흥 다큐멘터리〉, 박용규TV, 2021, 유튜브.
1907년 아무도 주목하지 않던 평양의 작은 교회에서 시작된 놀라운 부흥의 역사, 한국 교회와 민족을 살린 평양대부흥운동의 시작과 전개, 그 열매를 다룬 다큐멘터리

Q. 대부흥운동이 평양에서 시작될 수 있었던 이유는 무엇인가요?

A. 오늘날 우리에게 평양은 기독교 불모지인 북한의 수도요 얼어붙은 도시입니다. 하지만 20세기 초, 평양의 위상은 지금과 전혀 달랐습니다.

청일 전쟁이 끝난 1895년부터, 평양과 개성을 중심으로 한 서북지역 교회들이 눈에 띄는 성장을 보이기 시작합니다. 당시 서북지역은 타지역에 비해 상업에 종사하는 인구가 많았습니다. 때문에 자립적 중산층 비율이 높았고, 이들의 경제력을 바탕으로 교육 수준도 높았어요. 성경을 읽고 이해할 수 있는 토양을 갖추고 있었습니다.

또한, 평양은 초기 선교사들이 집중한 지역이었습니다. 최초의 개신교 순교자인 토마스 선교사가 피를 흘린 곳이 평양입니다. 1901년, 한국인 목회자 양성을 위해 '평양장로회신학교'가 세워진 곳도 평양이었어요. 평양대부흥의 주역 길선주 목사님은 평양신학교 1회 졸업생이고, 한국교회 지도자들인 주기철, 손양원 목사님도 이 학교 출신입니다.

선교사 알렌Horace N. Allen의 기록에 따르면, 1894년 평안남북도의 신자 수는 52명에 불과했으나, 10년 후 1904년에는 평안남도와 황해도에 신자는 10,000명에 이르게 됩니다. 1901년 6월 13일자 『그리스도 신문』을 보면, 1900년 기준 북장로교회 성도수는 서울이 3,318명인데 반해 평양은 10,055명으로, 평양이 서울에 비해 3배 이상 많았습니다. 알

교회 다니면서 교회사도 몰라?

렌은 평양 선교부를 가리켜 "한국에서 가장 성공적인 선교부"라 평가합니다.

특히, 평양대부흥의 중요한 요인으로 '사경회'를 빼놓을 수 없습니다. 사경회(査經會)란 성경을 집중적으로 가르치고 배우는 집회를 말합니다. 알렌은 1897년에서

평양장로회 신학교 1회 졸업생(1907년 6월 20일). 길선주, 방기창, 서경조, 송인서, 양전백, 이기풍, 한석진

1898년 사이에 서북지역에서 7개의 사경회가 열렸고, 2년 후 평양에서는 52개의 사경회가 개최되었다고 기록합니다. 1907년 평양대부흥도 장대현교회에서 진행된 사경회가 시작이었습니다.

초기 한국교회 사경회를 향한 열정은 대단했습니다. 성도들은 며칠씩 진행되는 사경회에 참여하기 위해 밥을 지을 쌀을 짊어지고 수백 킬로미터 떨어진 교회를 향해 걸었습니다. 토마스 선교사의 품에 있던 성경, 초기 교회 지도자들이 말씀으로 전했던 성경, 사경회에 참여한 성도들이 사모한 성경, 그 성경에 대한 사랑이 대부흥의 진정한 마중물 아니었을까요?

참고자료

- 한국기독교사연구소 www.1907revival.com
- 『한국기독교회사 1: 1784~1910』, 박용규, 2022, 한국기독교사연구소.
- 『세계부흥운동사』, 박용규, 2016, 한국기독교사연구소.

18 AD 1725-1968
교회, 꿈을 꾸다

#노예무역 #어메이징그레이스 #남북전쟁 #명품연설 #꿈은이루어진다

| 미국 독립선언 1776 | 영국의회 노예제 폐지 | | 링컨 노예해방 선언 | 워싱턴 대행진 |

1748 ▼ **1833** **1861** **1863** **1963**

프랑스 혁명 1789

존 뉴턴
1725-1807

윌리엄 윌버포스
1759-1833

미국 남북전쟁
1861-1865

에이브러햄 링컨
1809-1865

마틴 루터 킹
1929-1968

자, 이제 긴 여행의 마지막 시간입니다! 끝으로 20세기 교회의 이야기를 나누어 보죠. AD 1세기, 고대 로마제국의 변방에서 시작된 교회는 중세 유럽을 지나, 대서양 건너 신대륙으로 그리고 아시아를 넘어 세계로 확장되고 있었습니다. 이제 20세기에 이르러 기독교는 세계적인 종교가 되었고, 지구촌 곳곳에 교회가 세워졌고, 성경의 가치는 서구 문명의 근간을 이루고 있었습니다.

그러나 아직 해결되지 않은 문제가 있었어요. 그것은 세상과 교회와의 관계였습니다. 세상 속에서 교회의 역할은 무엇인가?

성경의 가치는 교회 밖에서도 여전히 의미 있는가? 이 질문에 대한 답을 찾기 위해 18세기 영국으로 무대를 옮겨 이야기를 계속해 보겠습니다.

잘못된 세상을 바꾸고 싶은 사람들

세계의 바다를 차지한 서구 열강들은 바닷길을 통해 활발한 무역을 시작했습니다. 새로운 항로를 통해 새로운 대륙을 오가며 수많은 물품이 거래되는 국제 무역의 시대가 열린 것이죠. 무역상들이 거래했던 여러 물품 가운데 가장 이윤이 높고 거래가 왕성했던 품목은 놀랍게도 '사람'이었습니다. 18세기 영국, 아프리카에서 흑인들을 잡아 노예로 팔아넘기는 노예무역이 붐을 이룹니다.

노예 무역선

노예 상인들은 브리스틀이나 리버풀 항구를 출발하여 서아프리카 지역에서 노예를 사들였고, 다시 대서양 건너 아메리카의 항구로 가서 노예를 팔아 면화나 설탕 같은 화물을 싣고 다시 영국으로 돌아왔습니다. 이 과정에서 막대한 부를 축적한 사람들이 늘어났고, 노예무역은 18세기 영국 경제의 중요한 축을 이룹니다.

그러나 그것은 성경이 가르치는 바와 달랐습니다. 이런 잘못된 세상을 바꾸고 싶어 했던 사람들이 있었습니다.

존 뉴턴, 놀라운 은혜를 경험한 노예 상인

존 뉴턴은 1725년에 영국 런던에서 태어났습니다. 그의 나이 6살에 어머니가 세상을 떠났고, 제대로 된 교육을 받지 못한 채 11살에 무역선의 선장이었던 아버지를 따라 바다로 나가게 되죠. 당시 노예 무역선의 선장은 많은 돈을 버는 인기 직업이었습니다. 아버지를 따라 노예 상인이 되어 돈도 많이 벌고 인생을 즐기고 싶었던 그에게 변화의 계기가 찾아옵니다.

1748년, 노예를 팔기 위해 오른 노예선 안에서 뉴턴은 우연히 책 한 권을 발견합니다. 그 책은 토마스 아 켐피스의 『그리스도를 본받아』라는 기독교 고전이었습니다. 책을 읽던 중, 마음에 뜨거운 것이 솟아올랐고 자신이 하는 일이 죄라는 사실을 깨닫게 됩니다. 그리고 당시 세계적인 복음 전도자였던 조지 휫필드의 설교는 이러한 생각이 맞다는 확신을 주었습니다. 그는 노예 무역 상인의 삶을 청산하고, 성공회 목사가 됩니다.

존 뉴턴(1725~1807)

1764년, 뉴턴은 자신의 노예무역 경험을 담은 『진실한 내력』을 출간합니다. 이 책은 노예무역의 비인간성과 죄악성을 세상에 알리며 큰 파장을 불러일으키게 되죠. 그리고 죄인이었던 자신의 삶을 바탕으로 찬송 가사를 작사합니다. 이 노랫말에 미국 민요를 붙여 탄생한 곡이 바로 〈어메이징 그레이스〉Amazing Grace입니다. 이 불후의 명곡은 지금까지 전 세계 그리스도인들이 가장 사랑하는 찬송곡이 되었습니다.

이러한 존 뉴턴의 변화된 삶은 한 젊은 정치인의 인생에 영향을
끼치게 됩니다.

윌버포스, 세상을 바꾼 그리스도인 정치가

21살에 영국 하원의원에 당선한 이 젊은 정치가의 이름은
윌리엄 윌버포스(1759~1833)입니다. 그의 멘토가 바로 존 뉴턴
이었어요. 존 뉴턴은 윌버포스가 불의한 법률, 즉 노예 무역법
을 개혁할 것을 독려합니다.

합법적으로 노예를 물건처럼 사고팔던 그 시대, 주인들은
노예를 죽여도 아무런 처벌을 받지 않았습니다. 흑인들의 비참
한 모습을 본 윌버포스의 눈에 불꽃이 튀었습니다. "어떻게 사
람이 같은 사람을 소유물로 다룰 수 있단 말인가!"

다른 정치가들이 자신의 신념과 이상을 실현하기 원했던 것
과 달리, 이 젊은 그리스도인 정치인은 새로운 꿈을 꾸게 됩니
다. 그것은 노예 제도를 폐지시키
는 것이었어요. 윌버포스는 영국
의회에서 노예제 폐지 법안의 입법
을 추진하기로 결심합니다.

수백 명의 의원은 그의 꿈을 비
웃었습니다. 귀족들도 노예 상인들
도 모두 코웃음을 치며 그를 무시
했습니다. 이미 영국 산업의 근간
을 이루던 노예무역을 폐지하겠다
는 그의 생각은, 마치 계란으로 바

윌리엄 윌버포스(1759~1833)

위를 치는 것과 같았습니다. 하지만 윌버포스의 기독교 신앙은 악한 세상에 물들어 살아가는 것이 아니라, 잘못된 세상을 하나님의 관점으로 바꾸어 나가는 것이었습니다. 존 뉴턴을 포함하여 노예무역을 반대하는 종교 지도자들이 윌버포스를 지지하고 나섭니다. 존 웨슬리는 윌버포스에게 편지를 보내 노예무역 폐지 운동을 계속할 것을 격려했습니다.

1789년, 노예무역 폐지 법안을 제출한 이후 20년간, 그의 눈물겨운 싸움은 계속되었습니다. 마침내, 1807년 영국 의회는 노예무역을 폐지한다는 법안을 통과시키게 됩니다. 이어 1833년 영국 전역에서 노예제도가 폐지되었고, 이 결정은 전 세계 노예제도의 폐지로 이어졌습니다. 정치가로서의 성공보다 하나님의 뜻을 실현하길 더 원했던 그는 세상을 변화시키는 그리스도인이었습니다. 영국이 노예제도를 폐지한 사건은 신대륙 미국 사회에 큰 영향을 미치게 됩니다.

링컨, 노예해방을 실현한 대통령

"모든 인간은 평등하게 태어났고, 인간이 다른 사람을 노예로 만드는 권리는 있을 수 없습니다." 이 외침은 시골 출신 변호사요 무명의 정치인이었던 링컨을 주목받는 인물로 바꾸는 계기가 되었습니다. 1809년, 에이브러햄 링컨은 미국 켄터키 주 농부의 아들로 태어났습니다. 링컨의 가정은 가난했지만 어머니는 아들에게 성경을 읽어주었던 지혜로운 신앙의 여인이었어요.

1860년, 공화당 후보 에이브러햄 링컨이 미국 제16대 대통

〈링컨 대통령의 노예해방 선언문 첫 낭독〉
프랜시스 비크넬 카펜터(1864년 작), 미국 의회소장품

령으로 당선됩니다. 그러자 이를 빌미로 남부의 11개 주가 남부 연합을 형성하며 미연방에서 탈퇴합니다. 면화와 담배 농장이 산업의 주축을 이루고 있던 남부의 주들은 노예들의 노동력에 경제활동을 크게 의존하고 있었기 때문이죠. 남과 북의 갈등은 전쟁으로 번집니다.

1861년 4월 12일, 남부 연합군이 찰스턴 만의 섬터 요새를 공격합니다. 4년간 지속된 '남북전쟁'의 시작이었습니다. 약 100만 명이 넘는 사상자가 발생한 이 전쟁은 1865년 북부 연방군의 승리로 끝납니다.

남북전쟁이 막바지로 치닫던 1863년 1월 1일, 링컨은 〈노예해방선언〉에 서명합니다. 링컨은 이런 말을 남겼어요. "이 문서에 서명하는 순간만큼 내가 옳은 일을 하고 있다는 확신이 들었던 적은 없었다"I never, in my life, felt more certain that I was doing right, than I do in signing this paper. 미국 대통령이 노예해방을 선언한 이 일은, 가난과 차별로 신음하던 수백만 흑인 노예의 가슴에 희망의 불꽃을 선사했고, 노예해방을 지지하는 사람들에게 감동과 영감을 주었습니다.

그러나 동시에 과격한 반대자들의 분노를 샀습니다. 남북전쟁이 끝난 지 5일 후인 1865년 4월 14일, 링컨은 워싱턴 포드 극장에서 남부 지지자들에게 피격되어 세상을 떠나게 됩니다. 성경적인 신념으로 가득 찬 지도자는 그렇게 생을 마감했고, 사람들은 수도 워싱턴에 '링컨 기념관'을 세워 그의 정신을 기념했습니다. 그리고 그로부터 약 100년 후, 그 기념관 앞에 한 흑인이 서게 됩니다.

마틴 루터 킹, 자유를 꿈꾼 목회자

1929년, 마틴 루터 킹은 미국 애틀랜타에서 목사의 아들로 태어났습니다. 목사가 된 그는 1954년 앨라배마주 몽고메리 교회에 부임합니다.

링컨이 노예해방을 선언한 이후로 100년이 지나고 있었지만, 미국 사회에서 흑인에 대한 인종 차별은 여전했습니다. 당시 몽고메리의 흑인들은 버스를 탈 때 백인 곁에 앉지 못했고, 자리 10개는 백인을 위해 항상 비워 두어야 했습니다. 그러던 중, 흑인들의 분노를 폭발시키는 사건이 일어납니다.

1955년 12월 1일, 흑인 여성 로자 파크스는 버스의 흑인 전용 좌석에 앉아 가고 있었습니다. 버스가 만원이 되자 버스 기사는 로자에게 백인에게 자리를 양보할 것을 요청했는데 그녀가 이를 거부합니다. 결국, 로자는 출동한 경찰에 의해 체포됩니다.

이 사건이 알려지자 분노한 몽고메리의 흑인들은 버스 거부 운동을 시작합니다. 이들은 출근할 때도, 등교할 때도 버스를 타지 않았어요. 무려 381일 동안 말이죠! 흑인들이 버스를 타지 않자 몽고메리의 버스 회사들은 심각한 적자에 시

워싱턴 대행진 - 마틴 루터 킹 연설

달리게 됩니다. '몽고메리 버스 보이콧 운동'이라 불리는 이 놀라운 비폭력 저항은 결국 '인종 분리법'을 폐지하는 데까지 나아갑니다. 몽고메리의 승리는 미국 남부의 모든 흑인에게도 희망을 안겼습니다. 이 운동을 승리로 이끈 킹 목사는 인권 운동 지도자로 주목받기 시작합니다.

1963년 8월 28일, 미국의 수도 워싱턴 D.C. 링컨 기념관에는 흑인들의 참정권을 요구하는 워싱턴 대행진에 참석하기 위해 미국 전역에서 모인 25만 명의 흑인들로 가득했습니다. 이 역사적인 순간에 루터 킹 목사가 연설을 맡아 발언합니다.

100년 전 오늘, 한 위대한 미국인(링컨)이 노예해방 선언에 서명하였습니다. 그러나 여전히 흑인들은 차별 정책에 매여 있습니다.

나에게는 꿈이 있습니다. 언젠가는 조지아의 붉은 언덕 위에 옛 노예의 후손들과 옛 주인의 후손들이 형제애 가득한 식탁에 함께 둘러앉는 날이 오리라는 꿈입니다.

"나에게는 꿈이 있습니다"I have a dream를 외치는 그의 연설은 말이 아니라 불이었습니다. 역사에 길이 남을 이 연설은 행진 참가자들의 가슴에 불을 붙였고, 온 인류의 마음에 자유와 평등에 대한 꿈을 심었습니다. 루터 킹 목사는 비폭력 저항으로 흑인 인권에 기여한 공로를 인정받아 1964년 노벨 평화상을 받습니다.

하지만 그로부터 4년 뒤, 과격파 백인단체 소속의 인종차별주의자가 쏜 총에 맞아 세상을 떠나게 됩니다. 그의 나이 겨우 39세였어요. 루터 킹은 더 뛰어나거나 더 열등한 인종이 있다는 생각에 반대했습니다. 그것은 정치적인 견해나 인권 주장이 아니라 신앙인으로서 가진 선한 가치관이었습니다. 하나님의 마음으로 시대를 바꾼 그는 시대의 선지자였습니다.

그리스도인은 다른 꿈을 꾸는 사람들

노예상인 뉴턴, 정치인 윌버포스, 대통령 링컨, 목회자 루터 킹…. 시대와 직업은 다 달랐지만, 이들 모두는 인간의 존엄과 자유를 꿈꾸며 불평등에 맞서 인류의 진전을 이끌었던 그리스도인이었습니다. 무엇보다 성경의 가치를 믿고 하나님의 뜻을 실현하기 원했던 꿈꾸는 사람들이었어요.

누구나 꿈을 꿉니다. 누군가는 더 좋은 음식을 먹고 더 나은 인생을 살고 더 많은 행복을 누리는 꿈을 꿉니다. 하지만 그리스도인은 다른 꿈을 꾸는 사람들입니다. 교회는 세상과 다른 꿈을 꾸는 사람들의 공동체입니다.

2000년 교회의 역사는 하나님의 꿈을 품은 공동체가 걸어온 발자취입니다. 교회는 하나님이 지으신 이 세상에 하나님의 다스리심이 가득하게 되는 것을 꿈꿉니다.

그렇게, 교회는 오늘도 꿈을 꿉니다.

함께 봐요

《링컨》, 스티븐 스필버그 감독, 다니엘 데이 루이스 · 토미 리 존스 주연, 2012, 영화.
1865년, 남북전쟁이 막바지에 이를 무렵, 링컨은 노예제를 금지하는 수정헌법을 하원에서 통과시키려고 한다. 가장 첨예한 논쟁거리였던 노예해방을 위해 헌신한 링컨의 생애를 그린 영화

《셀마》, 에바 두버네이 감독, 데이빗 오예로워 · 카르멘 에조고 주연, 2015, 영화.
"우리에겐 꿈이 있다. 당신에게도 있는가?" 인종 차별이 없는 세상을 꿈꾸었던 마틴 루터 킹은 1965년, 투표권 투쟁을 위해 셀마 행진을 계획한다. 인종차별을 극복하고 참정권을 찾기 위해 싸운 사람들 그리고 마틴 루터 킹의 이야기

Q&A

Q. 하나님이 오늘의 교회에 원하시는 것은 무엇일까요?

A. 2000년 교회의 역사를 살펴보며 깨닫게 되는 것은 인류 역사의 중심에 교회가 있었다는 사실입니다. 제국의 흥망성쇠, 문명의 발생과 소멸, 전쟁과 혁명의 반복. 수면 위로 드러난 인간 역사의 물줄기 아래로, 도도히 흘러온 교회의 역사가 있습니다.

역사를 "도전과 응전"으로 해석한 아놀드 토인의 이론처럼, 교회의 역사는 도전과 응전의 역사입니다. 교회는 외부적인 박해와 내부적인 이단의 도전으로부터 진리를 수호하기 위해 싸워왔고, 그 응전의 열매가 오늘의 교회가 가진 기독교 교리입니다. 역사를 "현재와 과거 사이의 끊임없는 대화"라고 정의한 에드워드 카E. H. Carr의 말처럼, 교회의 역사는 정치와 경제, 철학과 사상, 문화와 예술의 모든 영역에서 인류 역사와 끊임없이 상호작용하며 현재에 이르렀습니다.

2000년이 지나는 동안 많은 것이 달라졌습니다. 교회는 변해야 합니다. 격변하는 21세기의 조류 속으로 보냄받은 교회는 끊임없이 개혁되어야 합니다. 세상의 부패를 탓하기보다 그 부패를 막아 정결하게 하는 존재로, 세상의 어둠을 탓하기보다 세상의 어둠을 밝히는 존재로, 세상에 존재하되 세상과 동화되지 않고, 세상에 발 딛고 서되 세상과 구별된 존재로 보냄받았기 때문입니다.

그리고 교회는 변하지 말아야 합니다. 교회는 니케아 신조의 전통을

교회 다니면서 교회사도 몰라?

따라 단일성, 거룩성, 보편성 그리고 사도성을 변함없이 견지해야 하고, '오직 성경'의 종교개혁 정신을 계승해야 합니다. 시대를 바꾸는 힘은 오직 복음에 있고, 하나님은 그 복음을 교회에 맡기셨고, 우리는 불완전하지만 성경은 완전하기 때문입니다.

교회사의 영웅들은 저마다 꿈을 꾸었습니다. 비텐베르크에 반박문을 게시하는 마르틴 루터에게는 꿈이 있었습니다. 왜곡되고 변질된 독일 교회가 성경의 원리로 돌아가 정결해지는 꿈입니다.

신대륙을 향하는 배에 몸을 실었던 청교도들에게는 꿈이 있었습니다. 자유로운 신앙의 땅에서 성경의 가치에 근간을 둔 교회와 국가를 세우는 꿈입니다.

노샘프턴 교회 강단에 선 조나단 에드워즈에게는 꿈이 있었습니다. 잠든 시대가 깨어나고 뉴잉글랜드 교회에 부흥이 임하는 꿈입니다.

장대현교회에서 사경회를 인도하던 길선주 목사에게는 꿈이 있었습니다. 평양의 교회들이 말씀으로 새로워져 동방의 작은 나라 조선이 세계 열강의 키잡이 나라가 되는 꿈입니다.

그 꿈들의 중심에는 교회가 있었습니다. 하나님이 주신 그 꿈은, 예수 그리스도를 통해 사도들에게 계승되고, 교부들에게로 전달되고, 종교개혁자들에게로, 청교도들에게로 그리고 열방의 그리스도인들에게로 이어졌습니다.

이제 2000년의 역사를 가진 교회는 지나온 시간만큼의 나이테를 품은 굵은 나무로 성장했습니다. 교회는 그리스도의 초림과 재림 사이에 존재하기에, 이미 시작되었으나 아직 미완인 하나님의 역사는 세상의 역사와 여전히 갈등 속에 있습니다. 그러나 역사의 주관자이신 하나님은 그분이 주신 꿈을 교회가 포기하지 않기를 원하십니다.

세속화의 물결, 이슬람의 약진, 포스트모더니즘의 도전…. 21세기 교회 앞에 놓인 과제들 앞에서 교회는 여전히 약하고 부족합니다. 그러나 하나님은 교회 외에 다른 꿈을 꾸신 적이 없습니다. 우리는 기억해야 합니다. 교회의 역사는, 꿈을 품었고 그 꿈을 포기하지 않았던 사람들의 이야기라는 사실과, 그 교회가 바로 하나님의 꿈이라는 사실 말입니다. 그 위대한 이야기는 오늘도 계속됩니다.

참고자료

- 『나 같은 죄인 살리신』, 존 뉴턴, 2008. NCD.
- 『윌리엄 윌버포스, 세상을 바꾼 그리스도인』, 케빈 벨몬트, 2008, 좋은씨앗.
- 『나에게는 꿈이 있습니다』, 마틴 루터 킹, 2018, 바다출판사.
- 『기독교의 역사』, 폴 존슨, 2013, 포이에마.

교회 다니면서 교회사도 몰라?

국제제자훈련원은 건강한 교회를 꿈꾸는 목회의 동반자로서 제자 삼는 사역을 중심으로
성경적 목회 모델을 제시함으로 세계 교회를 섬기는 전문 사역 기관입니다.

교회 다니면서 교회사도 몰라?

초판 1쇄 인쇄 2024년 1월 19일
초판 1쇄 발행 2024년 2월 2일

지은이 김경덕

펴낸이 오정현
펴낸곳 국제제자훈련원
등록번호 제2013-000170호(2013년 9월 25일)
주소 서울시 서초구 효령로68길 98(서초동)
전화 02)3489-4300 **팩스** 02)3489-4329
이메일 dmipress@sarang.org

ISBN 978-89-5731-892-8

※ 책값은 뒤표지에 있습니다. 잘못된 책은 구입하신 곳에서 교환해드립니다.